포인트만 콕콕!!

토익문법 다지기

포인트만 콕콕! 토익문법 다지기

지은이 이강희
펴낸이 정규도
펴낸곳 ㈜다락원

초판 1쇄 발행 2021년 2월 16일
초판 2쇄 발행 2023년 2월 20일

책임 편집 홍인표, 조상익
디자인 박보희, 정규옥

다락원 경기도 파주시 문발로 211
내용 문의 (02)736-2031 내선 550~551
구입 문의 (02)736-2031 내선 250~252
Fax (02)732-2037
출판 등록 1977년 9월 16일 제406-2008-000007호

값 15,000원
ISBN 978-89-277-0992-3 13740

http://www.darakwon.co.kr
다락원 홈페이지를 방문하시면 상세한 출판 정보와 함께 MP3 자료 등의
다양한 어학 정보를 얻으실 수 있습니다.

포인트만 콕콕!!

토익문법 다지기

이강희 지음

다락원

머리말

흔한 표현으로 '시작이 반이다'라는 말이 있습니다. 그만큼 무슨 일이든 시작이 가장 어렵다는 말일 텐데, 특히 토익을 처음 준비하고자 하는 학생들의 경우 무엇부터 해야 할지 몰라 막막함과 답답함을 느끼는 분들도 있을 것 같습니다. 이 책은 그러한 학생 여러분의 용기 있는 시작을 응원하고 그 출발을 함께 하기 위해 기획하게 되었습니다.

각 유닛마다 가장 기본이 되는 동시에 핵심이 되는 문법 포인트들이 제시되어 있고, 다양한 연습 문제들을 통해 이러한 포인트들을 학습할 수 있도록 구성하였습니다. 토익 실전 연습에서는 학습한 내용들이 실제 시험에서 어떻게 출제되는지 연습할 수 있도록 하였습니다. 실제 토익 문제의 경우 문장이 더 길고 복잡하게 보이지만, 출제자가 확인하고자 하는 포인트들은 이 책에 포함된 이들 연습 문제들과 다르지 않습니다. 또한 필수 어휘에서는 반드시 알아야 하는 단어들을 다시 한번 엄선하여 꼭 익히고 넘어갈 수 있도록 정리하였습니다.

외국어를 공부하고 시험에서 목표 점수를 받기 위해 준비하는 것은 시간이 오래 걸리고 쉽지 않은 일임에는 틀림 없습니다. 하지만 이 책의 교재명처럼 "포인트만 콕콕!" 집어서 "토익 문법 다지기"를 꾸준히 하다 보면 여러분이 목표로 하는 지점에 꼭 도달할 수 있을 것이라고 생각합니다. 그리고 이 책이 그 과정에서 여러분의 든든한 발판이 되어 주기를 희망합니다.

마지막으로 원거리로 집필을 해야 하는 상황에서 믿고 지원해 주신 다락원 출판사와 집필 기간 내내 세심한 부분까지 신경 써 주시며 더 나은 교재가 될 수 있도록 애써 주신 홍인표 차장님께 감사 인사를 드립니다.

이 강 희

목차

이 책의 구성
토익 시험 소개

정답 및 해설

이 책의 구성

문법 설명 •----------•

각 유닛마다 토익에 꼭 필요한 기초 문법 사항을 다루고 있습니다. 영어에 자신이 없는 학습자들도 쉽게 이해할 수 있도록 쉽게 설명되어 있습니다.

토익 맛보기 •----------•

문법 설명 내용 중간에 '토익 맛보기' 문제가 수록되어 있습니다. 쉽고 간단한 토익 형식의 문제를 풀어 보면서 학습하고 있는 문법의 내용이 토익 시험에서 어떻게 다루어지는지 확인할 수 있습니다.

확인학습

해당 유닛에서 다루는 문법 사항과 관련된 문제들을 풀어 보면서, 학습한 문법 사항을 제대로 이해하고 있는지 확인할 수 있습니다.

토익 실전 연습

각각의 유닛에서 학습한 문법 사항을 활용하여 만든 토익 파트 5 형식의 문제를 풀어볼 수 있습니다. 실제 시험과 똑같은 형식의 문제를 풀면서 토익에 대한 적응력을 키울 수 있습니다.

필수 어휘 정리

유닛의 마지막 부분에 필수 어휘들이 정리되어 있습니다. 각 유닛에서 학습했던 중요한 어휘들을 다시 한 번 복습할 수 있습니다.

보카 체크업

문제를 풀어 보면서 필수 어휘 정리를 통해 학습한 어휘들을 제대로 암기하고 있는지 점검할 수 있습니다.

Actual Test

교재의 맨 뒤에 토익 파트 5 실전 문제 3회분이 수록되어 있습니다. 교재의 내용을 모두 학습한 다음, 실제 시험에서 어느 정도의 점수를 받을 수 있는지 가늠해 볼 수 있습니다.

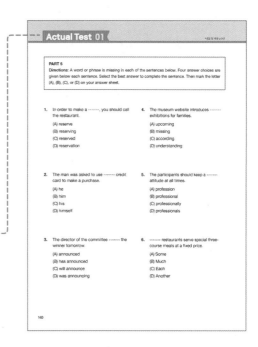

토익 시험 소개

응시 방법

시험 접수는 한국 TOEIC 위원회 웹사이트(www.toeic.co.kr)에서 온라인으로 할 수 있습니다.
접수 일정 및 연간 시험 일정 등의 정보 또한 이곳에서 확인이 가능합니다.

시험 구성

구성	PART	내용		문항 수	시간	배점
Listening Comprehension	1	사진 묘사		6	45분	495점
	2	질의-응답		25		
	3	대화문		39		
	4	담화문		30		
Reading Comprehension	5	단문 공란 채우기		30	75분	495점
	6	장문 공란 채우기		16		
	7	독해	단일 지문	29		
			복수 지문	25		
Total				200문제	120분	990점

Listening Comprehension 문항 수는 100문제입니다.
Reading Comprehension 문항 수는 100문제입니다.

시험 당일 일정

수험생들은 신분증과 필기구(연필 및 지우개)를 지참하고 고사장에 입실해야 합니다. 입실 시간은 오전 시험의 경우 9시 20분, 오후 시험의 경우 2시 20분까지입니다.

시간		진행
오전	오후	
9:30 – 9:45	2:30 – 2:45	답안지 작성에 관한 오리엔테이션
9:45 – 9:50	2:45 – 2:50	휴식 시간
9:50 – 10:05	2:50 – 3:05	신분증 확인
10:05 – 10:10	3:05 – 3:10	문제지 배부 / 파본 검사
10:10 – 10:55	3:10 – 3:55	듣기평가 (Listening Comprehension)*
10:55 – 12:10	3:55 – 5:10	읽기평가 (Reading Comprehension)

*듣기평가 시간에 2차 신분 확인이 진행됩니다.

성적 확인

시험일로부터 10일 후에 오후 3시부터 인터넷과 ARS(060-800-0515)로 성적을 확인할 수 있습니다. 성적표 발급은 시험 접수 시에 선택한 방법으로, 즉 우편이나 온라인으로 이루어집니다.

Unit 01

문장의 기본 구조

문장의 의미와 구조를 이해하는 첫 번째 단계는 문장 속의 여러 단어들이 어떻게 문장의 뼈대를 구성하는지 파악하는 것입니다. 1형식부터 5형식까지의 기본 문장 구조와 구와 절에 대해 학습해 봅시다.

① **문장의 1형식**
② **문장의 2형식**
③ **문장의 3형식**
④ **문장의 4형식**
⑤ **문장의 5형식**
⑥ **구와 절**

토익 문법 포인트

● **문장의 기본 형식**
   문장에서 **주어, 동사, 목적어, 보어의 구성**이 어떻게 이루어져 있는지에 따라 다섯 가지 형식으로 분류됩니다.

● **구와 절**
   둘 이상의 단어로 이루어진 구와 절은 문장에서 **명사, 형용사, 부사의 역할**을 합니다.

문장의 1형식: 주어(S) + 동사(V)

영어 문장에서 가장 기본이 되는 것은 주어와 동사입니다. 모든 문장에는 주어와 동사가 있는데, 수식어를 제외하고 **주어와 동사**만으로 이루어진 문장을 1형식 문장이라고 합니다. 주어 자리에는 명사나 대명사가 올 수 있습니다.

[1형식 동사]

go 가다	come 오다	depart 출발하다	arrive 도착하다
leave 떠나다	work 일하다	happen 일어나다	succeed 성공하다

<u>The train</u> <u>arrived</u> at the station 30 minutes late. 그 기차는 30분 늦게 역에 도착했다. (주어 = 명사)
　주어　　　　동사　　　　　　　　(수식어)

<u>They</u> <u>work</u> from Monday to Friday. 그들은 월요일부터 금요일까지 일한다. (주어 = 대명사)
　주어　　동사　　　　　(수식어)

문장의 2형식: 주어(S) + 동사(V) + 주격보어(SC)

2형식 문장은 '주어 + 동사 + 주격보어'의 형태입니다. 보어는 주어나 목적어의 성질 또는 상태 등을 보충 설명하는 역할을 하는데, 2형식 문장의 보어는 주어를 설명해 주기 때문에 '주격보어'라고 합니다. 보어 자리에는 명사나 형용사가 올 수 있습니다.

[2형식 동사]

be ~이다	become ~이 되다	stay ~인 상태를 유지하다	remain ~인 상태로 남다
seem ~인 것 같다	look ~해 보이다	feel ~하게 느껴지다	sound ~처럼 들리다

Ⓐ 명사 보어: 주어 = 보어

<u>The man</u> <u>became</u> <u>a doctor</u> 10 years later. 그 남자는 10년 후에 의사가 되었다.
　주어　　　　동사　　　보어　　　　(수식어)

Ⓑ 형용사 보어: 주어의 상태를 설명

<u>Everyone</u> in the office <u>looked</u> <u>happy</u>. 사무실에 있는 모든 사람이 행복해 보였다.
　주어　　　(수식어)　　　동사　　보어

● 토익 맛보기

Q The marketing department becomes ------- in December.

(A) want　　　　(B) busy　　　　(C) already　　　　(D) easily

마케팅 부서는 12월에 바빠진다.

> **포인트** **보어 자리에 오는 명사와 형용사**
> 빈칸은 동사 become의 보어가 와야 하는 자리인데, 보어 자리에는 명사 또는 형용사가 올 수 있습니다. (A)는 동사이며 (C)와 (D)는 부사이므로 모두 답이 될 수 없고, 형용사인 (B)가 정답입니다.

The development plan sounds **simply**. (X) (simply: 부사)

The development plan sounds **simple**. (O) (simple: 형용사) 그 개발 계획은 복잡하지 않게 들린다.

확인학습 ❶

◦ 정답 및 해설 p.002

A   다음 문장에서 주어와 동사를 찾아 주어에는 S, 동사에는 V로 표시하세요.

1   The seminar started at 9 o'clock.

2   Your client might come at any time.

3   Something happened to Michael.

4   We should stay quiet during the presentation.

5   The flight for London departs at 2:30.

6   The files on the table are mine.

7   My family lived in a small town for a long time.

8   The guests in the lobby are leaving in 10 minutes.

9   Those men will remain objective about the matter.

10   The patient with a broken leg arrived in an ambulance.

어휘 at any time 언제라도 flight 항공편 for a long time 오랫동안 objective 객관적인 patient 환자

B   다음 (   ) 안에 들어갈 알맞은 말을 고르세요.

1   I felt (sleep / sleepy) after dinner.

2   The new design seems (attract / attractive).

3   That building with the flags (goes / is) a hotel.

4   The sign says, "Keep (calm / calmly) and carry on."

5   The accident (happened / became) on a busy street.

6   The weather remained (cold / coldly).

7   The house on the hill looks (beauty / beautiful).

8   The company will (become / work) a joint venture.

9   This product will (look / succeed) in the market.

10   His weekend plan sounded (exciting / excitingly).

어휘 sleepy 졸리는 attract 끌다 attractive 매력적인 keep ~한 상태를 유지하다 calm 침착한, 고요한 calmly 침착하게, 고요하게 carry on 계속 가다, 계속하다 joint venture 합작 회사 product 제품 exciting 신나는, 흥미진진한

03 문장의 3형식: 주어(S) + 동사(V) + 목적어(O)

3형식 문장은 '주어 + 동사 + 목적어'의 형태인데, 목적어는 동사 뒤에 위치하며 동작의 대상을 나타냅니다. 목적어가 필요한 동사를 타동사, 목적어가 필요하지 않은 동사를 자동사라고 합니다.

[3형식 동사]

make 만들다	have 가지다	want 원하다	believe 믿다
receive 받다	invite 초대하다	purchase 구입하다	attend 참석하다

My colleague **will invite** **10 people** to the opening ceremony. 내 동료는 개업식에 10명을 초대할 것이다.
　　주어　　　　동사　　　목적어　　　　　　　(수식어)

The company **received** **an award** from the government. 그 회사는 정부로부터 상을 받았다.
　　주어　　　　동사　　　목적어　　　　　(수식어)

04 문장의 4형식: 주어(S) + 동사(V) + 간접목적어(IO) + 직접목적어(DO)

4형식 문장은 '주어 + 동사 + 간접목적어 + 직접목적어'의 형태입니다. 간접목적어는 '~에게'로 해석되어 동사의 행동을 받는 대상을 나타내며, 직접목적어는 '~을/를'이라는 뜻으로 동작의 대상을 나타냅니다.

[4형식 동사]

send 보내 주다	give 주다	show 보여 주다	buy 사 주다
ask 묻다	offer 제안하다	bring 가져오다	lend 빌려 주다

My boss **sent** **me** **a lot of information** yesterday. 내 상사가 어제 나에게 많은 정보를 보내 주었다.
　주어　　동사　간목　　　직목　　　　　　(수식어)

→ **My boss** **sent** **a lot of information** to me yesterday. (3형식)
　　주어　　동사　　　　목적어　　　　　　(수식어)

The clerk **offered** **him** **a discount**. 점원은 그에게 할인을 해 주었다.
　주어　　　동사　　간목　　직목

→ **The clerk** **offered** **a discount** to him. (3형식)
　　주어　　　동사　　　목적어　　(수식어)

위 예문과 같이 4형식 문장의 간접목적어와 직접목적어의 순서를 바꾼 다음, 간접목적에 앞에 전치사를 붙이면 3형식 문장으로 변환할 수 있습니다. 이때 전치사 to가 주로 사용되는데, buy(사 주다), make(만들어 주다), find(찾아 주다), get(가져다 주다)과 같이 '대상을 위한 행동'을 나타내는 동사의 경우에는 전치사 for가 사용됩니다.

● 토익 맛보기

Q We will ------- a new computer for the sales agent.

(A) succeed　　　　(B) seem　　　　(C) give　　　　(D) buy

우리는 판매 대리인을 위해 새 컴퓨터를 구매할 것이다.

> **빈칸트** **3형식과 4형식의 비교**
>
> 빈칸은 주어인 We 다음에 오는 동사 자리인데, 빈칸 뒤에 목적어가 있으므로 보기 (C)와 (D) 중에서 답을 선택해야 합니다. give와 buy는 둘 다 3형식과 4형식 문장에서 쓸 수 있지만, 3형식에서 give는 전치사 to와 함께 쓰이고 buy 는 for와 함께 쓰입니다. 따라서 정답은 (D)의 buy입니다.
>
> My friend **bought** a ticket <u>to</u> me. (X)
>
> My friend **bought** a ticket <u>for</u> me. (O) 나의 친구는 나를 위해 표를 구매했다.

확인학습❷

● 정답 및 해설 p.002

A 다음 문장에서 동사의 목적어를 모두 찾아 표시하세요.

1 William attended the conference with Kevin.

2 My manager accepted my request for his approval.

3 Ms. Graham will give him her favorite book.

4 RHQ Technology purchased three new machines this year.

5 The post office delivers mail from Monday to Saturday.

6 I should prepare two résumés before the interview.

7 You can ask me any questions about my report.

> **어휘** accept 받아들이다 request 요청 approval 승인 deliver 배달하다 prepare 준비하다 résumé 이력서

B 다음 3형식 문장을 4형식으로 바꿔 문장을 완성하세요.

1 I can lend my car to you.

   ➡ I can lend _____ .

2 Many people will bring flowers to us.

   ➡ Many people will bring _____ .

3 Would you pass that document to me?

   ➡ Would you pass _____ ?

4 The lady showed her pictures to the children.

   ➡ The lady showed _____ .

5 The CEO awarded the prize to Harry Clark.

   ➡ The CEO awarded _____ .

> **어휘** pass 건네다 document 서류 CEO (Chief Executive Officer) 대표이사 award 수여하다 prize 상

문장의 5형식: 주어(S) + 동사(V) + 목적어(O) + 목적격보어(OC)

5형식은 '주어 + 동사 + 목적어 + 목적격보어' 형태입니다. 5형식 문장의 보어는 목적어의 성질이나 상태를 보충 설명해 주기 때문에 '목적격보어'라고 합니다. 목적격보어 자리에는 명사나 형용사가 올 수 있습니다.

[5형식 동사]

make ~을 …하게 만들다	keep ~을 …하게 유지하다	find ~을 …이라고 알게 되다
call ~을 …으로 부르다	appoint ~을 …으로 임명하다	consider ~을 …으로 간주하다

Ⓐ 명사 보어: 목적어 = 보어

They appointed Mr. Cooper the new president as of March 1st.
　주어　　　동사　　　　목적어　　　　　목적격보어　　　　　　(수식어)

그들은 3월 1일부로 Cooper 씨를 신임 사장으로 임명했다.

Ⓑ 형용사 보어: 목적어의 상태를 설명

You are making this problem more difficult right now.
주어　　동사　　　목적어　　　　목적격보어　　　(수식어)

당신은 지금 이 문제를 더 복잡하게 만들고 있다.

구와 절

두 개 이상의 단어가 모여 하나의 품사 역할을 할 수 있는데, 이를 구와 절이라고 합니다. 구에는 주어와 동사가 포함되어 있지 않지만, 절에는 주어와 동사가 포함되어 있습니다. 아래의 설명을 통해 구와 절의 차이점을 파악해 봅시다.

Ⓐ 명사구와 명사절

주어, 목적어, 보어 역할을 합니다.

① 명사구: **To meet the deadline** is very important.　마감일자를 맞추는 것은 매우 중요하다. (주어 역할)

② 명사절: We know **that tomorrow is a holiday**.　우리는 내일이 휴일이라는 것을 안다. (목적어 역할)

Ⓑ 형용사구와 형용사절

명사를 수식하는 역할을 합니다.

① 형용사구: The woman in a black suit is my lawyer.　검은 정장을 입은 여자가 나의 변호사이다.

② 형용사절: I should help that man who is moving the table.　나는 테이블을 옮기고 있는 저 남자를 도와야 한다.

Ⓒ 부사구와 부사절

동사, 형용사, 부사, 또는 문장 전체를 수식합니다.

① 부사구: We should visit the museum in our free time. (동사 수식)

　　우리는 자유 시간에 그 박물관을 꼭 방문해야 한다.

② 부사절: If we have time, we should visit the museum. (문장 전체 수식)

　　우리는 시간이 있으면 그 박물관을 꼭 방문해야 한다.

● 정답 및 해설 p.003

A 다음 우리말에 맞게 괄호 안의 단어들을 배열하여 문장을 완성하세요.

1 그 소식은 나를 슬프게 만들 것이다. (sad, me)
   ➡ The news will make _____.

2 나는 당신을 위해 당신의 음료를 차갑게 유지해 두었다. (your, cold, beverage)
   ➡ I kept _____ for you.

3 우리는 Robert를 영웅이라고 부른다. (hero, Robert, a)
   ➡ We call _____.

4 몇몇 사람들은 그의 시도를 실수라고 여긴다. (attempt, a, his, mistake)
   ➡ Some people consider _____.

5 그 광고가 그 모델을 유명하게 만들었다. (famous, model, the)
   ➡ The advertisement made _____.

6 매니저는 Emma를 팀 리더로 임명했다. (the, team, leader, Emma)
   ➡ The manager appointed _____.

7 당신은 이 아이디어가 매우 흥미롭다는 걸 알게 될 것이다. (very, interesting, idea, this)
   ➡ You will find _____.

어휘 beverage 음료 hero 영웅 attempt 시도 mistake 실수 advertisement 광고 interesting 흥미로운

B 다음 밑줄 친 부분에 대한 설명으로 알맞은 것을 고르세요.

1 The department store is open <u>on New Year's Day</u>. ⓐ 부사구 ⓑ 부사절

2 <u>Talking to her</u> is always difficult to me. ⓐ 명사구 ⓑ 명사절

3 They were late for the meeting <u>which started at 9:00</u>. ⓐ 형용사구 ⓑ 형용사절

4 Who is that gentleman <u>with grey hair</u>? ⓐ 형용사구 ⓑ 형용사절

5 I reserved the room <u>two hours ago</u>. ⓐ 부사구 ⓑ 부사절

6 They don't understand <u>that it will cost a lot of money</u>. ⓐ 명사구 ⓑ 명사절

7 <u>To ask for help</u> is the one and only solution. ⓐ 명사구 ⓑ 명사절

8 The tourists wanted <u>to visit the art gallery</u>. ⓐ 명사구 ⓑ 명사절

9 You should contact me <u>if you have a problem</u>. ⓐ 부사구 ⓑ 부사절

10 We believe <u>that he will sign the form today</u>. ⓐ 명사구 ⓑ 명사절

어휘 reserve 예약하다 cost 비용이 들다 tourist 관광객 art gallery 미술관 contact 연락하다 form 양식

1. The seats on these new office chairs feel ------- .

   (A) comfort
   (B) comforter
   (C) comfortable
   (D) comfortably

2. The contract between them ------- on August 31st.

   (A) expiration
   (B) expired
   (C) to expire
   (D) expiring

3. The candidate has the right ------- for this project.

   (A) skillful
   (B) skilled
   (C) skillfully
   (D) skills

4. We acknowledge that Plantis International ------- our competitor.

   (A) be
   (B) to be
   (C) is
   (D) being

5. They finally ------- an agreement on the key issues.

   (A) went
   (B) worked
   (C) stayed
   (D) reached

6. According to Lisa, the supervisor will make the task ------- .

   (A) easy
   (B) easiness
   (C) ease
   (D) eased

7. Our study ------- that smartphone sales went up.

   (A) shows
   (B) showing
   (C) to show
   (D) shown

8. The man sold me ------- at a very good price.

   (A) to painting
   (B) the painting
   (C) to paint
   (D) painted

9. The most important thing to our business is our customers' -------.

(A) satisfy

(B) satisfied

(C) satisfaction

(D) satisfactory

11. All the people in the office will ------- the new software convenient.

(A) find

(B) give

(C) look

(D) like

10. The Internet company improved its ------- in this neighborhood.

(A) serviced

(B) servicing

(C) service

(D) to service

12. The director sent us his ------- about the recent problem.

(A) concluding

(B) conclude

(C) conclusive

(D) conclusion

어휘

comfort 편안, 위안
comforter (두툼한) 이불
comfortable 편안한
expiration 만료
expire 만료되다
candidate 후보자, 지원자
skillful 숙련된, 능숙한
skilled 숙련된, 노련한
skill 기술
acknowledge 인정하다

competitor 경쟁자, 경쟁 상대
agreement 합의, 동의
key 중요한
according to ~에 따르면
supervisor 감독관, 관리자
task 업무, 과제
ease 쉬움, 편하게 하다
study 연구
sale 판매
go up 올라가다

paint 그림 그리다
painting 그림
customer 고객, 손님
satisfy 만족시키다
satisfaction 만족
satisfactory 만족스러운
improve 개선하다
convenient 편리한
recent 최근의
conclusion 결론

☐ agree	동의하다	☐ award	상, 시상하다
☐ agreement	동의	☐ contact	연락, 연락하다
☐ conclude	결론을 내리다	☐ purchase	구입, 구입하다
☐ conclusion	결론	☐ lend	빌려 주다
☐ deliver	배달하다	☐ borrow	빌리다
☐ delivery	배달	☐ candidate	후보자, 지원자
☐ discuss	논의하다	☐ colleague	동료
☐ discussion	논의	☐ contract	계약
☐ expire	만료되다	☐ at any time	언제든
☐ expiration	만료	☐ for a long time	오랫동안
☐ sign	서명하다, 표시	☐ a lot of	많은
☐ signature	서명	☐ according to	~에 따르면
☐ reserve	예약하다	☐ as of	~ 부로
☐ reservation	예약	☐ be late for	~에 늦다

✓ 보카 체크업 주어진 우리말 뜻이 되도록 빈칸을 완성하세요.

1 그들은 자신들의 동료를 오랫동안 기다렸다. (time, a, long, for)

➡ They waited for their colleague _____.

2 우리는 점심식사 후에 그 계약을 논의할 것이다. (the, discuss, contract)

➡ We will _____ after lunch.

3 Miller 씨는 레스토랑 예약 시간에 늦었다. (for, the, late, reservation)

➡ Ms. Miller was _____ for the restaurant.

4 나의 여행 비자는 지난 토요일 부로 만료되었다. (as, last, Saturday, of)

➡ My travel visa expired _____.

5 이 서류에는 그 후보자의 서명이 필요하다. (candidate's, the, signature)

➡ I need _____ on this paper.

6 소문에 의하면, 상은 B팀이 탈 것이다. (rumor, to, the, according)

➡ _____, the award will go to Team B.

명사

명사는 사람이나 사물의 '이름'을 나타내는 것으로서 문장을 구성하는 데 반드시 필요한 품사입니다. 명사의 종류와 문장 내에서 명사가 들어가는 자리에 대해 알아 보도록 합시다.

① **명사의 종류**
② **가산명사의 복수형**
③ **주의해야 할 가산명사 / 불가산명사**
④ **명사의 형태**
⑤ **명사의 자리**
⑥ **명사의 수량 표현**

토익 문법 포인트

● **명사의 종류**
   명사는 **가산명사**(셀 수 있는 명사)와 **불가산명사**(셀 수 없는 명사)로 구분됩니다.
● **명사의 자리**
   명사는 문장에서 **주어, 보어, 목적어**로 사용됩니다.

명사의 종류

명사는 사물의 이름을 나타내는 품사로서 가산명사와 불가산명사로 나눌 수 있습니다.

Ⓐ 가산명사

셀 수 있는 명사로서 일반적인 사물이나 사람을 가리키며, 단수형과 복수형으로 구분됩니다.

a computer 컴퓨터 – computers 컴퓨터들
an item항목 – items항목들
a salesperson 판매원 – salespeople 판매원들

단수명사 앞에는 부정관사 a/an이 올 수 있으며, 복수명사 뒤에는 일반적으로 –(e)s가 붙습니다.

This office needs a **desk.** 사무실에 책상이 하나 필요하다.

This office needs five **desks.** 사무실에 책상 다섯 개가 필요하다.

Ⓑ 불가산명사

셀 수 없는 명사로서 추상적 개념을 나타내는 명사, 물질명사, 고유명사, 그리고 일부 집합명사가 여기에 해당됩니다.

추상적 개념	물질명사	고유명사
peace 평화 news 뉴스	furniture 가구 information 정보 coffee 커피 air 공기 salt 소금	London 런던 John Smith 존 스미스

단수/복수 구분이 없으며, 불가산명사 앞에는 부정관사 a/an이 올 수 없습니다.

This office needs some **furniture.** 이 사무실에는 가구가 필요하다.

가산명사의 복수형

가산명사의 복수형은 일반적으로 끝에 –(e)s를 붙이지만, 몇 가지 변형된 형태나 불규칙하게 변하는 경우도 있습니다. 특히 불규칙하게 변하는 복수형은 단수형과 혼동하지 않도록 주의해야 합니다.

종류	형태	예시
일반적인 명사	-s	document 문서 → documents / office 사무실 → offices
-s, -x, -ch, -sh로 끝나는 명사	-es	box 상자 → boxes / branch 지점 → branches
자음 + y로 끝나는 명사	-y → -ies	story 이야기 → stories / company 회사 → companies
-f, -fe로 끝나는 명사	-f(e) → -ves	knife 칼 → knives / half 절반 → halves
불규칙하게 변하는 명사	단수형 = 복수형	deer 사슴 → deer / series 시리즈 → series
	형태 변환	child 어린이 → children / man 남자 → men

He sent me one **copy.** 그는 내게 복사본 한 부를 보냈다.

He sent me two **copies.** 그는 내게 복사본 두 부를 보냈다.

One **man** had a meeting with the president. 한 명의 남자가 사장님과 회의를 했다.

Two **men** had a meeting with the president. 두 명의 남자들이 사장님과 회의를 했다.

● 정답 및 해설 p.005

A 다음 ( ) 안에 들어갈 알맞은 말을 고르세요.

1 I heard the (news / newses).

2 There is a (scratch / scratches) on the screen.

3 They bought (a coffee / some coffee) at the coffee shop.

4 My friend has a (strange habit / strange habits).

5 She will bring you three (application form / application forms).

6 He passed me the (salt / salts).

7 We want (a fresh air / some fresh air).

8 The boy delivers a (newspaper / newspapers) every morning.

9 I found the (information / informations) in this book.

10 You may need ten (new item / new items).

> **어휘** scratch 긁힌 자국 application form 지원서 deliver 배달하다 newspaper 신문 item 품목

B ( ) 안에 주어진 단어를 활용해 밑줄 친 부분을 복수형으로 고쳐 쓰세요.

1 She told me a story. (two) ➡ She told me ＿＿＿＿＿＿＿.

2 There was an accident. (many) ➡ There were ＿＿＿＿＿＿＿.

3 He had a sandwich for lunch. (a lot of) ➡ He had ＿＿＿＿＿＿＿ for lunch.

4 They invited one child. (some) ➡ They invited ＿＿＿＿＿＿＿.

5 I saw a deer at the zoo. (three) ➡ I saw ＿＿＿＿＿＿＿ at the zoo.

6 We talked to a woman. (lots of) ➡ We talked to ＿＿＿＿＿＿＿.

7 We will use a knife. (a few) ➡ We will use ＿＿＿＿＿＿＿.

8 There is one salesperson here (several) ➡ There are ＿＿＿＿＿＿＿ here.

9 There will be an activity. (a number of) ➡ There will be ＿＿＿＿＿＿＿.

10 It doesn't have a fee. (any) ➡ It doesn't have ＿＿＿＿＿＿＿.

> **어휘** accident 사고 invite 초대하다 salesperson 판매원 activity 활동 fee 수수료

03 주의해야 할 가산명사/불가산명사

혼동하기 쉬운 가산명사와 불가산명사를 구분할 수 있어야 합니다.

가산명사		불가산명사	
machine 기계	product 제품	equipment 장비	merchandise 상품
fund 자금	permit 허가증	funding 자금 지원	permission 허가
suggestion 제안	offer 제안	advice 충고	baggage 짐
bag 가방	price 가격	luggage 짐	access 접근
discount 할인	refund 환불	information 정보	research 연구
increase 증가	profit 이익	clothing 의류	confirmation 확인

● 토익 맛보기

Q My boss likes to give ------- to other people.

(A) offer   (B) research   (C) suggestion   (D) advice

나의 상사는 다른 사람들에게 충고하는 것을 좋아한다.

포인트 가산명사와 불가산명사의 구분

가산명사는 불가산명사와 달리 관사, 소유격 등의 한정사 없이 단독으로 사용할 수 없습니다. 따라서 위의 문제에서 가산명사인 offer와 suggestion은 답이 될 수 없다는 것을 알 수 있습니다. 불가산명사이면서 문장 전체의 의미에도 자연스러운 advice가 답이 됩니다.

You cannot enter without **permit**. (X) (permit = 가산명사)
You cannot enter without **permission**. (O) (permission = 불가산명사)
당신은 허가 없이 출입할 수 없다.

04 명사의 형태

명사는 다양한 형태를 가지고 있으며 자주 쓰이는 명사형 어미를 함께 익혀 두면 문장 속에서 명사를 파악하는데 도움이 됩니다.

명사형 어미	예시			
-ness	happi**ness** 행복	ill**ness** 병	kind**ness** 친절	aware**ness** 인식
-ment	develop**ment** 개발	employ**ment** 고용	agree**ment** 동의	pay**ment** 지불
-tion/-sion	satisfac**tion** 만족	participa**tion** 참가	competi**tion** 경쟁	deci**sion** 결정
-ance/-ence	attend**ance** 참석	insur**ance** 보험	differ**ence** 차이	confid**ence** 자신감
-ty	securi**ty** 보안	abili**ty** 능력	hones**ty** 정직	activi**ty** 활동
-er/-ee/-or	manag**er** 관리자	employ**er** 고용주	employ**ee** 고용인	advis**or** 조언자
-ant/-ent	particip**ant** 참가자	attend**ant** 참석자	consult**ant** 자문역	resid**ent** 거주자

The host asked for my **participation.** 주최자는 나의 참가를 요청했다. (participation: 명사)

There will be a lot of **participants.** 많은 참가자들이 있을 것이다. (participant: 명사)

확인학습 ②

• 정답 및 해설 p.006

A 다음 명사가 가산명사인지 불가산명사인지 표시하세요.

		가산명사	불가산명사
1	increase	☐	☐
2	happiness	☐	☐
3	luggage	☐	☐
4	offer	☐	☐
5	research	☐	☐
6	discount	☐	☐
7	price	☐	☐
8	information	☐	☐
9	machinery	☐	☐
10	fund	☐	☐

B 다음 ( ) 안에 들어갈 알맞은 말을 고르세요.

1 The (different / difference) is pretty clear.

2 You should meet your (advisor / advice).

3 The senior members finally made a (decide / decision).

4 I appreciate his (kind / kindness).

5 Everyone needs to pay (attention / attentive).

6 Henry got a job as an (assistance / assistant).

7 This information is for the new (residence / resident).

8 The manager announced the (employ / employee) of the month.

9 The (interviewer / interviewee) asked five questions to the applicant.

10 All (competitors / competitions) must sign up for the (competitor / competition).

어휘 pretty 꽤, 상당히　senior 선임의, 상급의　appreciate 감사하다　assistance 도움　sign up for ~에 등록하다

명사의 자리

명사는 문장에서 다음과 같은 위치에 올 수 있습니다.

명사의 자리	예문
주어 자리	The **gate** is closed now. 현재 문이 닫혀 있다.
동사의 목적어 자리	I didn't send those **messages**. 나는 그 메시지들을 보내지 않았다.
전치사의 목적어 자리	She is talking to the **customers**. 그녀는 고객들에게 이야기하고 있다.
보어 자리	He became a **marketing director** in 2015. 그는 2015년에 마케팅 팀장이 되었다.
관사 뒤	They placed a **vase** on the **table**. 그들은 테이블 위에 꽃병을 두었다.
소유격 뒤	My **coworker** raised his **hand**. 나의 동료가 그의 손을 들었다.
형용사 뒤	The building is located in a busy **city**. 그 건물은 분주한 도시에 있다.

● 토익 맛보기

Q The committee just finished the -------.

(A) evaluate   (B) evaluation   (C) evaluating   (D) evaluative

위원회는 방금 평가를 끝냈다.

> **[포인트] 명사의 자리**
>
> 빈칸은 동사 finished의 목적어가 와야 하는 자리이므로 보기 중에 명사인 evaluation이 답이 됩니다. 이와 같이 명사 자리에는 다른 품사의 단어가 들어갈 수 없습니다.

The two companies reached an **agree**. (X)   (agree: 동사)

The two companies reached an **agreement**. (O)   (agreement: 명사)

두 회사는 합의에 이르렀다.

명사의 수량 표현

명사가 불가산명사인지 가산명사인지, 가산명사의 경우 단수인지 복수인지에 따라 수량을 나타내는 표현이 달라집니다. 명사의 종류에 알맞은 수량 표현을 선택해야 합니다.

가산명사		불가산명사
단수	복수	
one / each / every / another	many / (a) few / fewer / several / a number of	much / (a) little / less
	some / any / most / a lot of / lots of	

Each *winner* is going to make a speech. 각각의 수상자가 연설을 할 것이다. (each + 단수명사)

The company received **several** *complaints*. 회사는 몇 건의 불만을 접수했다. (several + 복수명사)

This new project will cost **less** *money*. 신규 프로젝트는 비용이 덜 들 것이다. (less + 불가산명사)

Most *applications* came from foreign countries. 대부분의 지원서들이 해외에서 왔다. (most + 복수명사)

Most *equipment* in this room is new. 이 방의 대부분의 장비는 새것이다. (most + 불가산명사)

확인학습 ❸

● 정답 및 해설 p.006

A 보기에서 다음 밑줄 친 명사의 자리를 설명하는 말로 알맞은 것을 고르세요.

> 보기 ⓐ 주어 자리 ⓑ 동사의 목적어 자리 ⓒ 전치사의 목적어 자리 ⓓ 보어 자리

1 The computer engineer installed a new <u>program</u>.　　(　)

2 The <u>business</u> became very successful.　　(　)

3 This will become a great <u>investment</u>.　　(　)

4 The customer got a <u>refund</u> from the store.　　(　)

5 We ordered some gifts on the <u>Internet</u>.　　(　)

6 She is waiting for me in the <u>lobby</u>.　　(　)

7 My <u>lawyer</u> will call in the afternoon.　　(　)

8 Everybody in my office calls him <u>Michael</u>.　　(　)

> **어휘** install 설치하다 successful 성공적인 investment 투자 customer 고객 lawyer 변호사

B 다음 빈칸에 들어갈 수 있는 단어를 모두 고르세요.

1 I just found ＿＿＿＿＿ mistake.　　ⓐ a　　ⓑ some　　ⓒ another

2 There is ＿＿＿＿＿ water in the cup.　　ⓐ each　　ⓑ a few　　ⓒ little

3 They proposed ＿＿＿＿＿ ideas.　　ⓐ another　　ⓑ several　　ⓒ less

4 There are ＿＿＿＿＿ pens in the drawer.　　ⓐ a few　　ⓑ few　　ⓒ less

5 She asked ＿＿＿＿＿ question.　　ⓐ fewer　　ⓑ another　　ⓒ some

6 We didn't receive ＿＿＿＿＿ funding.　　ⓐ much　　ⓑ any　　ⓒ many

7 They are popular in ＿＿＿＿＿ areas.　　ⓐ another　　ⓑ each　　ⓒ most

8 ＿＿＿＿＿ people gathered in the hall.　　ⓐ A few　　ⓑ One　　ⓒ A number of

9 ＿＿＿＿＿ page has two pictures.　　ⓐ Every　　ⓑ Each　　ⓒ Most

10 It will take ＿＿＿＿＿ time.　　ⓐ each　　ⓑ a little　　ⓒ less

> **어휘** propose 제안하다 funding 자금 지원 popular 인기가 있는, 유명한 gather 모이다

1. The factory purchased a new ------- to produce more parts.

   (A) machinery

   (B) machine

   (C) machines

   (D) merchandise

2. The advertisement appealed to a number of ------- at the event.

   (A) attention

   (B) attendance

   (C) attendant

   (D) attendants

3. Each ------- will have an interview with the supervisor.

   (A) employee

   (B) employment

   (C) employers

   (D) employ

4. Ms. Wilson searched ------- document in the cabinet.

   (A) several

   (B) a lot of

   (C) every

   (D) most

5. All ------- will receive a decision by e-mail.

   (A) applicant

   (B) applicants

   (C) apply

   (D) application

6. The company provided good ------- to its customers for many years.

   (A) to serve

   (B) serve

   (C) server

   (D) service

7. My secretary found some mistakes in the -------.

   (A) state

   (B) statement

   (C) stating

   (D) stated

8. Your guest can pick up the ------- at the reception desk.

   (A) permit

   (B) permission

   (C) permitted

   (D) to permit

9. The waiting room doesn't have ------- furniture.

(A) one

(B) another

(C) much

(D) many

10. The C.E.O. decided to hire two ------- for the new branch.

(A) account

(B) accounts

(C) accountant

(D) accountants

11. My team needs a big screen and two microphones for the -------.

(A) to present

(B) presented

(C) presenting

(D) presentation

12. Because of the bad weather, the museum had ------- visitors last weekend.

(A) fewer

(B) a little

(C) every

(D) much

factory 공장	decision 결정	hire 고용하다
purchase 구매하다	by e-mail 이메일로	branch 지점
produce 생산하다	provide 제공하다	screen 스크린, 화면
advertisement 광고	customer 고객, 손님	microphone 마이크
appeal 호소하다, 매력적이다	secretary 비서	because of ~ 때문에
interview 인터뷰, 면접	mistake 실수, 오류	museum 박물관
supervisor 관리자, 감독관	pick up 찾아가다, 집어 올리다	visitor 방문객
search 찾아보다, 검색하다	reception desk 안내 데스크	
document 서류	waiting room 대기실	

☐ equipment	장비	☐ access	접근, 접속, 접근권
☐ machinery	기계류	☐ increase	증가, 증가하다
☐ merchandise	상품	☐ decrease	감소, 감소하다
☐ employer	고용주	☐ permit	허가, 허가증
☐ employee	고용인	☐ permission	허가
☐ coworker	직장 동료	☐ entrance	입구
☐ customer	고객	☐ statement	명세서, 성명서
☐ salesperson	판매원	☐ application	신청
☐ attendance	참석, 출석	☐ applicant	신청인
☐ attendant	참석자, 출석자	☐ application form	신청서
☐ evaluation	평가	☐ apply for	~에 지원하다
☐ complaint	불평, 불만	☐ a number of	많은
☐ compliment	칭찬, 찬사	☐ a series of	일련의
☐ cost	비용, 경비	☐ be aware of	~을 알다, 인지하다

✔ 보카 체크업   주어진 우리말 뜻이 되도록 빈칸을 완성하세요.

1 Cartwright 씨는 직원들에게 **찬사**를 보내기를 원한다.

  ➡ Mr. Cartwright wants to pay a(n) _____ to the staff.

2 Buono 식당은 **고객** 만족을 개선하려는 노력을 하고 있다.

  ➡ Buono Restaurant is trying to improve _____ satisfaction.

3 해결되어야 하는 **많은** 문제들이 있다.

  ➡ There are _____ problems to be solved.

4 당신은 이번 주 금요일까지 **신청서**를 제출해야 한다.

  ➡ You should submit a(n) _____ by this Friday.

5 **장비**를 점검하는 데 30분이 걸릴 것이다.

  ➡ It will take 30 minutes to check the _____.

6 RK 주식회사는 작년에 30명의 신규 **직원**을 채용했다.

  ➡ RK Inc. hired 30 new _____ last year.

대명사

대명사는 명사의 반복을 피하기 위해 명사를 대신하여 사용됩니다. 지칭하는 명사가 사람인지 사물인지, 주어인지 목적어인지, 단수인지 복수인지 등에 따라 알맞은 대명사를 사용해야 합니다.

토익 문법 포인트

● **대명사의 종류**
　대명사에는 사람이나 사물을 가리키는 **인칭대명사**, 지시하는 대상을 가리키는 **지시대명사**, 그리고 특정하지 않은 대상을 가리키는 **부정대명사**가 있습니다.

● **대명사와 명사의 일치**
　대명사는 **명사의 수와 성에 일치**하도록 사용해야 합니다.

인칭대명사의 종류

인칭대명사는 사람이나 사물을 가리키는 대명사입니다. 인칭대명사는 아래의 표와 같이 명사의 수, 성, 격에 따라 다른 형태를 가지며, 표 아래에 설명된 것처럼 문장에서 다양하게 사용됩니다.

인칭	수	주격 (~은/는, ~이/가)	소유격 (~의)	목적격 (~을/를)	소유대명사 (~의 것)	재귀대명사 (~ 자신)
1인칭	단수	I	my	me	mine	myself
	복수	we	our	us	ours	ourselves
2인칭	단수	you	your	you	yours	yourself
	복수	you	your	you	yours	yourselves
3인칭	단수	he	his	him	his	himself
		she	her	her	hers	herself
		it	its	it	-	itself
	복수	they	their	them	theirs	themselves

Ⓐ 주격

주격 인칭대명사는 동사 앞에 쓰여 문장의 주어 역할을 합니다.

She <u>finished</u> the program successfully. 그녀는 그 프로그램을 성공적으로 끝냈다.

Ⓑ 목적격

목적격 인칭대명사는 타동사 뒤, 또는 전치사 뒤에 위치하여 동사와 전치사의 목적어 역할을 합니다.

Mr. Robinson <u>hired</u> **me** last week. Robinson 씨가 지난 주에 나를 채용했다. (동사의 목적어)

The meeting room is ready <u>for</u> **them**. 회의실이 그들을 위해 준비되어 있다. (전치사의 목적어)

Ⓒ 소유격

소유격 인칭대명사는 명사 앞에 쓰입니다.

That promotion was **his** <u>idea</u>. 그 홍보 활동은 그의 아이디어였다.

Ⓓ 소유대명사

소유대명사는 '소유격 + 명사'를 나타내며 문장에서 명사 역할을 합니다.

The ticket on the desk is **yours**. 책상 위에 있는 티켓은 네 것이다. (yours = your ticket)

재귀대명사의 용법

재귀대명사는 인칭대명사에 '-self'를 붙인 형태로 '자기 자신'을 의미합니다. 복수인 경우 '-selves'가 됩니다.

Ⓐ 재귀 용법

주어와 목적어가 같을 때 목적어 자리에 쓰이며, '~ 자신을'이라는 의미입니다.

The speaker introduced **herself** to the audience. 발표자가 청중에게 자신을 소개했다.

I am talking to **myself** right now. 나는 지금 혼잣말을 하고 있는 중이다.

ⓑ 강조 용법

주어와 목적어를 강조할 때 사용되며, '자신', '직접'이라는 의미입니다. 이때 재귀대명사는 생략이 가능합니다.

We (**ourselves**) are responsible for the result. 우리 자신에게 그 결과에 대한 책임이 있다.

ⓒ 관용 용법

재귀대명사가 특정 전치사와 함께 관용적인 표현으로 사용되기도 합니다.

by oneself 혼자서 (= alone), 혼자의 힘으로 (= on one's own)
for oneself 혼자의 힘으로 (= on one's own)   of itself / by itself 저절로

You should solve the problem **by yourself**. 너는 혼자 힘으로 그 문제를 풀어야 한다.

The door opened **of itself**. 문이 저절로 열렸다.

확인학습 ❶

● 정답 및 해설 p.009

A 보기에서 다음 빈칸에 들어갈 대명사의 형태로 알맞은 것을 고르세요.

> 보기 ⓐ I   ⓑ my   ⓒ me   ⓓ mine   ⓔ myself

1 These are _____ duties.   (   )

2 Everyone was concerned about _____.   (   )

3 I moved the chairs by _____.   (   )

4 Before the conference, _____ had lunch.   (   )

5 The next chance will be _____.   (   )

6 They will evaluate _____ project.   (   )

7 Paula invited _____ to her wedding.   (   )

> **어휘** duty 임무, 업무 concerned 걱정하는 conference 컨퍼런스 evaluate 평가하다 invite 초대하다

B 빈칸에 알맞은 재귀대명사를 써 넣은 다음, 어떤 용법으로 사용되었는지 표시하세요.

1 Mr. Morris spent the weekend by _____.   ⓐ 재귀용법   ⓑ 강조용법   ⓒ 관용용법

2 Jessica considers _____ a leader.   ⓐ 재귀용법   ⓑ 강조용법   ⓒ 관용용법

3 Mr. and Mrs. Perry can take care of _____.   ⓐ 재귀용법   ⓑ 강조용법   ⓒ 관용용법

4 Ms. Jones wrote the letter _____.   ⓐ 재귀용법   ⓑ 강조용법   ⓒ 관용용법

5 The result was a disaster _____.   ⓐ 재귀용법   ⓑ 강조용법   ⓒ 관용용법

> **어휘** spend (시간이나 돈을) 쓰다, 소비하다 consider 간주하다 take care of ~을 돌보다 disaster 재앙

03 지시대명사

지시대명사는 사람이나 사물을 가리킬 때 사용됩니다. 자신과 가까이에 있는 대상에는 **this/these**를, 멀리 있는 대상에는 **that/those**를 사용합니다.

Ⓐ 지시대명사 this / that

this는 '이것', that은 '저것'이라는 의미의 지시대명사입니다. 복수일 경우에는 these와 those를 씁니다.

That was an old model, so we picked **this**. 저것은 구형 모델이어서 우리는 이것을 골랐다.

Ⓑ 지시형용사 this / that

this와 that은 명사 앞에 위치하여 각각 '이', '저'라는 뜻의 지시형용사로 쓰이기도 합니다. 복수명사가 올 경우에는 these와 those를 써야 합니다.

These computers do not turn on. 이 컴퓨터들은 켜지지 않는다.

Ⓒ 반복을 피하는 that / those

비교 대상을 반복해서 언급하는 것을 피하기 위해 단수일 때는 that을, 복수일 때는 those를 씁니다.

Tom's report is better than **that** of John. Tom의 보고서가 John의 것보다 낫다.

04 부정대명사

부정대명사는 특정하지 않은 대상을 가리키는 대명사로서 의미와 상황에 맞게 사용하는 것이 중요합니다. 이는 명사 앞에 위치하여 부정형용사로 쓰이기도 합니다.

Ⓐ some / any

some	몇몇, 조금	긍정문
any	몇몇, 조금	부정문, 의문문, 조건문

We prepared **some**, but they did not take **any**. 우리는 몇 개를 준비했는데, 그들은 아무것도 가져가지 않았다.

If you have **any** questions, please raise your hand. 질문이 있으면 손을 들어 주십시오.

Ⓑ one / another / other

종류		의미	비교
	one	하나	불특정한 하나
	another	다른 하나	앞서 언급한 것 외에 또 다른 하나
other	other	다른	형용사로만 사용
	the other	나머지 하나	둘 중에서 남은 하나
	others	다른 사람들, 다른 것들	불특정한 다른 대상들
	the others	그 나머지들	앞서 언급한 것 외에 나머지 모두

His suggestion was a very interesting **one**. 그의 제안은 아주 흥미로운 것이었다.

The salesperson showed me **another**. 그 판매원은 내게 또 다른 것을 보여주었다.

We will discuss **other** options later. 우리는 다른 선택사항들은 나중에 의논할 것이다.

This **one** is too big, and **the other** is too small. 이것은 너무 크고, 나머지 하나는 너무 작다.

Susan fixed that **one**, but she could not fix **the others**. Susan이 저것은 고쳤지만, 나머지들은 고치지 못했다.

I reviewed **one** yesterday and **another** today. I will check **the others** tomorrow.
나는 어제 하나 오늘 또 하나를 검토했다. 그 나머지들은 내일 확인할 것이다.

One is reading a newspaper, **another** is making a phone call, and **others** are writing e-mails.
한 사람은 신문을 읽고 있고, 다른 한 사람은 전화를 걸고 있고, 다른 사람들은 이메일을 쓰고 있다.

확인학습②

● 정답 및 해설 p.009

A 다음 ( ) 안에 들어갈 알맞은 말을 고르세요.

1 (This / These) are temporary positions.

2 Look at the desserts. I will bring (some / any).

3 My coworker bought (this / these) lamps at the store.

4 Wendy found a lot of errors, but she did not correct (some / any).

5 The factories of SRC Company are larger than (that / those) of Wilson Industry.

어휘 temporary 임시의 dessert 후식, 디저트 coworker 동료 lamp 등, 램프 correct 고치다

B 다음 우리말에 맞게 보기에서 알맞은 말을 골라 빈칸에 써 넣으세요.

> **보기** some   any   one   another   other   the other   others   the others

1 불만 사항이 있으면 나에게 알려 주십시오.

➡ If there are _____ complaints, please let me know.

2 두 개 중에서 나는 나머지 하나를 고를 것이다.

➡ Between the two, I will choose _____.

3 그는 오후에 다른 장소들을 방문했다.

➡ He visited _____ locations in the afternoon.

4 어떤 사람들은 여름을 좋아하고, 다른 사람들은 겨울을 더 선호한다.

➡ _____ people like summer, and _____ prefer winter.

5 10대의 자동차 중에서, 하나는 초록색, 또 하나는 파란색, 그리고 그 나머지들은 흰색이었다.

➡ Out of the ten cars, _____ was green, _____ was blue, and _____ were white.

어휘 complaint 불만, 불만 사항 visit 방문하다 location 장소 prefer 선호하다 out of ~ 중에서

대명사와 명사의 수 일치

대명사가 지칭하는 명사를 파악하여 해당 명사가 단수이면 단수대명사를, 복수이면 복수대명사를 써야 합니다.
이와 같은 일치를 묻는 문제의 경우, 수식어나 수식어구가 포함되어 있는 경우가 많으므로 주의해야 합니다.

단수대명사	복수대명사
I	we
you	you
he / she / it	they
this / that	these / those

The two men are shaking (his , **their**) hands. 두 남자가 악수를 하고 있다.

The report was full of mistakes, and I had to rewrite (**it**, them).

그 보고서는 실수로 가득해서 나는 그것을 다시 써야 했다. (it = the report; it ≠ mistakes)

● 토익 맛보기

Q I hope you and your guests enjoy ------- at the party.

(A) myself   (B) themselves   (C) yourself   (D) yourselves

당신과 당신의 손님들이 파티를 즐기시기를 바랍니다.

핵심콕 단수형과 복수형이 다른 you의 재귀대명사

2인칭 대명사 you는 단수형과 복수형이 동일하지만, 재귀대명사의 경우 단수일 때는 yourself, 복수일 때는 yourselves가 됩니다. 빈칸에는 앞에 나온 명사인 'you and your guests'를 가리키는 대명사가 와야 하므로 복수형 태인 yourselves가 정답입니다.

I told Jessica. "Please help **yourself**." (yourself = Jessica)
나는 Jessica에게 "마음껏 먹어"라고 말했다.

I told Jessica and her friend. "Please help **yourselves**." (yourselves = Jessica and her friend)
나는 Jessica와 그녀의 친구에게 "마음껏 먹어"라고 말했다.

대명사와 명사의 성 일치

대명사가 지칭하는 명사가 여성(she)인지 남성(he)인지 중성(it)인지에 따라 적절한 대명사를 사용해야 합니다.

The lady called (himself, **herself** , itself) a pioneer. 그 여성은 자신을 개척자라고 불렀다.

(the lady = 여성)

Mr. Pearson will step down from (**his** , her, its) position. Pearson 씨는 자기 자리에서 물러날 것이다.

(Mr. Pearson = 남성)

The company celebrated (his, her, **its**) 30th anniversary. 그 회사는 창업 30주년을 축하했다.

(the company = 중성)

● 정답 및 해설 p.010

A 밑줄 친 대명사가 가리키는 것이 무엇인지 고르세요.

1 The client called my office, and **she** asked me a question.
　　ⓐ　　　　　　　ⓑ

2 My friend and I opened the package, but there was nothing in **it**.
　　ⓐ　　　　　　　　ⓑ

3 Mr. and Mrs. Kimble are from England. **They** have a British accent.
　　　　ⓐ　　　　　　　　ⓑ

4 The clerk said hi to my aunt, and **he** gave her a discount.
　　ⓐ　　　　　　ⓑ

5 You should talk to your team members **yourself**.
　　ⓐ　　　　　　ⓑ

6 You can find the information in those books. You should read **them**.
　　　　　ⓐ　　　　ⓑ

7 The shuttle arrived at the station at 5:00, and **it** had 30 passengers.
　　ⓐ　　　　　　ⓑ

8 The interviewer asked me and other applicants about **our** dreams.
　　　ⓐ　　　　　　ⓑ

어휘 client 고객　package 상자, 소포　accent 억양　clerk 점원　shuttle 셔틀　passenger 승객　applicant 지원자

B 밑줄 친 부분을 문법에 맞게 고쳐 쓰세요.

1 I saw Emily and <u>his colleagues</u> at the bank.　　......................................

2 The company will open <u>his new branch</u> in May.　　......................................

3 These are my partners, and <u>he is</u> very kind.　　......................................

4 Mr. Johnson left the file on <u>her desk</u>.　　......................................

5 These scissors are old, but I <u>like it</u>.　　......................................

6 The woman traveled Spain <u>by himself</u>.　　......................................

7 This is my favorite movie, and <u>their title</u> is *Life Is Beautiful*.　　......................................

8 Mr. President canceled the meeting <u>herself</u>.　　......................................

어휘 colleague 동료　branch 지점, 지사　title 제목　cancel 취소하다

1. I called Mr. Mayor, and ------- answered the phone right away.

   (A) he
   (B) his
   (C) she
   (D) her

2. We offered ------- customers a 30 percent discount.

   (A) we
   (B) our
   (C) us
   (D) ourselves

3. Among the three candidates, my department will pick -------.

   (A) one
   (B) it
   (C) another
   (D) the other

4. After Mr. Louis told me his opinion, I told him -------.

   (A) I
   (B) my
   (C) mine
   (D) me

5. ------- robot cleaners will go on sale on May 10th.

   (A) They
   (B) That
   (C) These
   (D) This

6. The most important thing is the content -------.

   (A) that
   (B) it
   (C) its
   (D) itself

7. WSQ InC. released a new product, and ------- design was innovative.

   (A) itself
   (B) yours
   (C) theirs
   (D) its

8. The employment rate is lower than ------- from last quarter.

   (A) these
   (B) those
   (C) this
   (D) that

9. Ms. Oliver and her husband reviewed the condition before ------- final decision.

(A) her

(B) his

(C) their

(D) its

11. After the meeting, I will send ------- the updated proposal.

(A) she

(B) her

(C) hers

(D) herself

10. Your team members could not complete the task by -------.

(A) yourselves

(B) yourself

(C) himself

(D) themselves

12. If you have ------- comments, please raise your hand.

(A) one

(B) another

(C) other

(D) others

 어휘

mayor 시장	go on sale 할인을 시작하다	review 검토하다
right away 바로, 당장	most important 가장 중요한	condition 조건
offer 제안하다	content 내용	decision 결정
customer 고객	release 출시하다	complete 완성하다
among ~ 중에서	product 제품	task 과제, 과업
candidate 지원자	innovative 혁신적인, 획기적인	updated 최신의, 업데이트된
department 부서	employment rate 취업률	proposal 제안서
opinion 의견	lower 더 낮은	comment 견해, 언급
robot cleaner 로봇 청소기	quarter 분기	raise 들다, 들어올리다

☐ another	다른 하나, 또 하나의	☐ anniversary	기념일, (몇) 주년
☐ hire	채용하다	☐ celebrate	축하하다, 기념하다
☐ fire	해고하다	☐ assistant	조수, 보조원
☐ retire	은퇴하다	☐ secretary	비서, 장관
☐ introduce	소개하다	☐ interviewer	면접관
☐ consider	간주하다, 고려하다	☐ interviewee	면접 대상자
☐ upstairs	위층에, 위층으로	☐ alone	혼자서
☐ downstairs	아래층에, 아래층으로	☐ by oneself	혼자서, 혼자 힘으로
☐ fix	고치다, 수리하다	☐ on one's own	혼자 힘으로
☐ correct	고치다, 정정하다	☐ help oneself	마음껏 먹다
☐ temporary	임시의	☐ turn on	(불, 전원을) 켜다
☐ permanent	영구적인	☐ turn off	(불, 전원을) 끄다
☐ mistake	실수	☐ take care of	~을 돌보다
☐ error	오류	☐ on sale	할인 중인, 판매 중인

보카 체크업 밑줄 친 단어에 주의하여 각각의 문장을 해석하세요.

1 I found <u>another error</u> in the computer program.

➡ ....

2 The research center will <u>celebrate</u> its 20th <u>anniversary</u> next week.

➡ ....

3 Daniel <u>corrected</u> my pronunciation <u>in front of others</u>.

➡ ....

4 The engineer could not <u>turn on</u> the power <u>by herself</u>.

➡ ....

5 We will <u>hire</u> more <u>temporary workers</u> next month.

➡ ....

6 Larry <u>took care of</u> his family <u>on his own</u>.

➡ ....

형용사 / 부사

형용사와 부사는 '맛있는 사과' '빨리 달리다'와 같이 함께 쓰인 명사와 동사의 의미를 보충 설명하거나 수식함으로써 문장의 의미를 보다 풍성하게 해주는 역할을 합니다. 형용사와 부사를 잘 구분해서 사용할 수 있도록 학습해 봅시다.

토익 문법 포인트

● **형용사**
형용사는 주로 명사 앞에 위치하여 **명사를 수식**하거나, 보어로 사용되어 **주어나 목적어의 성질이나 상태를 설명**합니다.

● **부사**
부사는 **동사, 형용사, 다른 부사, 문장 전체를 수식**하며, '-ly'로 끝나는 형태인 경우가 많습니다.

형용사의 형태

다양한 형태의 형용사가 있지만, 자주 쓰이는 형용사형 어미를 익혀 두면 문장 속에서 형용사를 파악하는데 도움이 됩니다.

형용사형 어미	예시
–ive	expensive 값비싼 impressive 인상적인 attractive 매력적인 protective 보호하는
–ful	powerful 강력한 helpful 도움이 되는 careful 조심하는 useful 쓸모 있는
–less	powerless 힘없는 helpless 무력한 careless 부주의한 useless 쓸모 없는
–able/–ible	available 이용 가능한 reliable 믿을 만한 reasonable 적절한 responsible 책임 있는
–ous	serious 심각한 precious 소중한 famous 유명한 nervous 불안해하는
–al	final 최후의 critical 비판적인 additional 추가의 actual 실제의
–ant/–ent	pleasant 즐거운 significant 상당한 different 다른 convenient 편리한
–ic	specific 구체적인 domestic 국내의 public 공공의 energetic 활동적인
–y	wealthy 부유한 noisy 시끄러운 healthy 건강한 cloudy 흐린
–ly	friendly 다정한 costly 값비싼 daily 매일의 monthly 매달의

Those **protective** goggles will protect your eyes. 저 보안경이 당신의 눈을 보호해 줄 것이다.

I needed some help, and his advice was really **helpful**.
나는 도움이 좀 필요했는데, 그의 조언이 정말로 큰 도움이 됐다.

형용사의 자리

ⓐ 명사 수식

형용사는 일반적으로 명사 앞에 위치하여 명사를 수식합니다.

They had a **pleasant** talk with Bill. 그들은 Bill과 즐거운 대화를 가졌다.

We saw a very **impressive** painting at the museum. 우리는 박물관에서 매우 인상적인 그림을 보았다.

ⓑ 보어 자리

보어는 명사의 성질이나 상태를 설명하는 역할을 하는데, 동사 다음에 위치해서 주격보어 역할을 하거나 목적어 다음에 위치해서 목적격보어 역할을 합니다.

The police officer seemed **reliable** then. 그때 그 경찰관은 믿을 만한 것 같았다. (주격보어)
　주어　　　　　　동사　　주격보어 (수식어)

Her book about modern technology made **her famous**. (목적격보어)
　주어　　　　　(수식어)　　　　　동사　목적어　목적격보어
현대 기술에 대한 그녀의 책이 그녀를 유명하게 만들었다.

● 정답 및 해설 p.013

A 보기의 단어들을 활용하여 아래의 문장들을 완성하세요.

> 보기 useful   useless   reliable   reasonable   significant
> critical   convenient   impressive   specific   wealthy

1 Brian의 연설은 인상적이었다.   ➡ Brian's speech was ＿＿＿＿＿＿ .

2 그 방문객은 비판적인 리뷰를 남겼다.   ➡ The visitor left a ＿＿＿＿＿＿ review.

3 이 오래된 프린터는 쓸모가 없다.   ➡ This old printer is ＿＿＿＿＿＿ .

4 그 정보는 믿을 만한 출처에서 나왔다.   ➡ The information came from a ＿＿＿＿＿＿ source.

5 그 제안서는 구체적인 예들을 포함하고 있다.   ➡ The proposal includes ＿＿＿＿＿＿ examples.

6 이 제품은 부유한 쇼핑객들을 대상으로 하고 있다.   ➡ This product is targeting ＿＿＿＿＿＿ shoppers.

7 우리는 이 안내서가 쓸모 있다는 것을 알게 되었다.   ➡ We found this guidebook ＿＿＿＿＿＿ .

8 그 제안은 매우 적절했다.   ➡ That offer was very ＿＿＿＿＿＿ .

9 이 키보드는 사용하기 편리하다.   ➡ This keyboard is ＿＿＿＿＿＿ to use.

10 상당한 변화가 곧 이루어져야 한다.   ➡ ＿＿＿＿＿＿ changes should be made soon.

> 어휘 review 리뷰, 검토   source 출처   example 예, 예시   target 목표, 목표로 삼다   guidebook 안내서

B 다음 밑줄 친 형용사가 문장 속에서 어떤 역할을 하고 있는지 고르세요.

1 This souvenir is really <u>precious</u> to me.   ⓐ 명사 수식   ⓑ 주격보어   ⓒ 목적격보어

2 New York is our <u>final</u> destination.   ⓐ 명사 수식   ⓑ 주격보어   ⓒ 목적격보어

3 There is a <u>monthly</u> fee for the Internet service.   ⓐ 명사 수식   ⓑ 주격보어   ⓒ 목적격보어

4 I felt <u>hopeless</u> at that time.   ⓐ 명사 수식   ⓑ 주격보어   ⓒ 목적격보어

5 Frank's humor keeps him <u>popular</u>.   ⓐ 명사 수식   ⓑ 주격보어   ⓒ 목적격보어

6 She bought a ticket for a <u>domestic</u> flight.   ⓐ 명사 수식   ⓑ 주격보어   ⓒ 목적격보어

7 The CEO will find the plan <u>attractive</u>.   ⓐ 명사 수식   ⓑ 주격보어   ⓒ 목적격보어

8 He received an <u>additional</u> discount.   ⓐ 명사 수식   ⓑ 주격보어   ⓒ 목적격보어

> 어휘 souvenir 기념품   destination 목적지   hopeless 절망적인   at that time 그 때   flight 항공편

부사의 형태

부사는 보통 '형용사 + –ly'의 형태입니다. 즉, 일반적으로 형용사에 '–ly'를 붙이면 부사가 됩니다. 하지만 모든 부사의 형태가 그렇지는 않고, 형용사와 형태가 동일한 부사, 기타 다양한 형태의 부사도 존재합니다. '명사 + –ly' 형태의 형용사형 어미와 혼동하지 않도록 주의해야 합니다.

형태		예시	
형용사 + -ly	careful → carefully 조심해서 final → finally 마침내 serious → seriously 심각하게		careless → carelessly 부주의하게 responsible → responsibly 책임감 있게 significant → significantly 상당히, 크게
형용사 = 부사	fast 빠른; 빨리 hard 어려운; 열심히 late 늦은; 늦게 high 높은; 높게		
기타 형태	very 매우 well 잘 soon 곧 just 막 still 여전히 now 지금		

They will take the issue **seriously**. 그들은 그 문제를 심각하게 받아들일 것이다.

Those new employees speak foreign languages **very well**. 저 신입 직원들은 외국어를 아주 잘 한다.

부사의 자리

부사는 동사, 형용사, 다른 부사, 또는 문장 전체를 수식하는 역할을 합니다. 부사의 위치는 주로 수식하는 대상의 앞에 오는 경우가 많은데, 동사를 수식하는 경우에는 동사의 뒤에 오기도 합니다.

Ⓐ 동사 수식: 동사의 앞이나 뒤

Kate **carefully** removed the sticker from the box. Kate는 상자의 스티커를 조심해서 제거했다.

The population increased **significantly** in the 1960s. 1960년대에 인구가 크게 증가했다.

Ⓑ 형용사 수식: 형용사 앞

This operation manual is **relatively** easy to understand. 이 사용설명서는 비교적 이해하기 쉽다.

Ⓒ 부사 수식: 부사 앞

The manager reviewed my report **very** thoroughly. 매니저가 내 보고서를 아주 철저히 검토했다.

Ⓓ 문장 전체 수식: 문장 앞

Generally, there is an exception to every rule. 일반적으로, 모든 규칙에는 예외가 있다.

● 토익 맛보기

Q The inspectors ------- check the system.

(A) regular   (B) regulate   (C) regularly   (D) regulated

조사관들이 시스템을 정기적으로 점검한다.

확인학습②

● 정답 및 해설 p.013

A 다음 ( ) 안에 들어갈 알맞은 말을 고르세요.

1 The security guard (safe / safely) locked the building.

2 It was a very (successful / successfully) year.

3 This may cause a (serious / seriously) problem.

4 You should use your credit card (responsible / responsibly).

5 The president (final / finally) made a decision.

6 Those seats are (available / availably) at 20 dollars.

7 Mr. Stevenson set his password (careless / carelessly).

8 Grace seemed (quiet / quietly) during the meeting.

9 (Fortunate / Fortunately), the store gave me a refund.

10 The candidate was (especial / especially) strong in graphic design.

어휘 security guard 경비원 lock 잠그다 cause ~을 야기하다 decision 결정 fortunate 운 좋은 fortunately 다행히
especial 특별한 especially 특히

B 다음 밑줄 친 부사가 수식하는 것이 무엇인지 표시하세요.

1 The assistant manager <u>just</u> left his office.

2 The two professionals' views are <u>significantly</u> different.

3 <u>Actually</u>, I do not support their idea.

4 The financial crisis hit the economy <u>hard</u>.

5 The market trend changes <u>really</u> fast.

어휘 professional 전문가, 전문적인 view 시각 actually 사실, 실제로 support 지지하다 financial crisis 금융 위기
trend 동향, 유행

주의해야 할 형용사

Ⓐ 형용사 관용 표현

형용사가 들어간 자주 쓰이는 관용 표현을 잘 익혀 두어야 합니다.

be aware of ~을 알다	be capable of ~을 할 수 있다	be available for ~가 이용 가능하다
be eligible for ~할 자격이 있다	be late for ~에 늦다	be responsible for ~에 책임이 있다
be familiar with ~에 익숙하다	be satisfied with ~에 만족하다	be similar to ~와 비슷하다

You may **be eligible for** a paid vacation. 당신은 유급 휴가를 받을 자격이 있을지 모른다.

Most customers **are satisfied with** their service. 대부분의 고객들은 그들의 서비스에 만족한다.

Ⓑ 혼동하기 쉬운 형용사

비슷한 형태이지만 의미가 다른 형용사들을 정확히 구분할 수 있어야 합니다.

considerate 사려 깊은 – considerable 상당한	dependent 의존하는 – dependable 믿을 수 있는
respectful 존중하는 – respective 각각의	favorite 아주 좋아하는 – favorable 호의적인
confident 자신감 있는 – confidential 기밀의	successful 성공적인 – successive 연속적인

We should be **considerate** of others. 우리는 다른 사람에게 사려 깊게 대해야 한다.

The business made a **considerable** profit in March. 그 사업체는 3월에 상당한 이익을 냈다.

주의해야 할 부사

Ⓐ 빈도 부사

빈도부사는 be동사와 조동사의 뒤, 일반동사의 앞에 위치합니다.

always 항상	often 자주	usually 대개	sometimes 가끔
hardly / rarely / seldom 거의 ~ 않는		never 결코 ~ 않는	

The store <u>is</u> **always** open on Sundays. 그 가게는 항상 일요일에 문을 연다.

My colleague **sometimes** <u>takes</u> a nap at work. 내 동료는 가끔 직장에서 낮잠을 잔다.

Ⓑ 혼동하기 쉬운 부사

형태가 비슷해서 혼동하기 쉬운 부사들은 의미에 주의해서 각각의 쓰임을 익혀 두어야 합니다.

high 높게 – highly 매우	late 늦게 – lately 최근에	hard 열심히 – hardly 거의 ~ 않는
short 짧게 – shortly 곧	near 가까이에 – nearly 거의	close 가까이에 – closely 면밀히

Mr. Jones hung the clock **high** on the wall. Jones 씨는 시계를 벽에 높이 달았다.

This training method will be **highly** effective. 이 훈련 방법은 매우 효율적일 것이다.

Q The CEO will introduce the company's new logo -------.

(A) nearly   (B) highly   (C) hardly   (D) shortly

최고경영자가 곧 회사의 새로운 로고를 소개할 것이다.

뽀인트 혼동하기 쉬운 부사

short는 형용사로 '짧은' 부사로 '짧게'라는 뜻이지만, shortly는 '곧'이라는 의미입니다. nearly는 '거의', highly는 '매우', hardly는 '거의 ~않는'이라는 뜻이므로 shortly가 정답입니다.

The stylist cut my hair **short**. (short: 짧게) 스타일리스트는 나의 머리를 짧게 깎았다.

The train will arrive here **shortly**. (shortly: 곧) 기차는 곧 이곳에 도착할 것이다.

확인학습③

● 정답 및 해설 p.013

A 보기에서 다음 문장에 들어갈 알맞은 단어를 골라 빈칸을 완성하세요.

> 보기 aware   available   responsible   familiar   satisfied   similar

1 The conference room is _____ for everyone.

2 I am _____ with the profit from the sale.

3 That design is _____ to the one in this magazine.

4 The workers are _____ of the danger.

5 Linda is an expert. She is _____ with accounting.

6 The whole team is _____ for the failure.

어휘 profit 이익   sale 판매   danger 위험   expert 전문가   accounting 회계   whole 전체의   failure 실패

B 다음 ( ) 안에 들어갈 알맞은 말을 고르세요.

1 They (hard / hardly) know each other.

2 We should be (respective / respectful) to other members.

3 The package from our partner arrived too (late / lately).

4 Janet (never is / is never) wrong about anything.

5 He spent (considerable / considerate) amount of time on the project.

6 My supervisor left a (favorite / favorable) comment on my report.

어휘 each other 서로   package 소포   comment 논평, 주석

1. The salesperson in the navy suit is talking ------- over the phone.

   (A) nervously
   (B) friendly
   (C) costly
   (D) noisy

2. They may need ------- help to solve the problem.

   (A) add
   (B) addition
   (C) additional
   (D) additionally

3. -------, the manager finished the interviews with the applicants.

   (A) Hard
   (B) Hardly
   (C) Finally
   (D) Final

4. I found the computer software -------, so I deleted it.

   (A) use
   (B) using
   (C) useful
   (D) useless

5. Prof. Stewart is ------- respected in the marketing field.

   (A) high
   (B) higher
   (C) highest
   (D) highly

6. They donated ------- money at the fundraising event.

   (A) significance
   (B) significant
   (C) significantly
   (D) signify

7. During the long weekend, the office building was ------- empty.

   (A) shortly
   (B) short
   (C) nearly
   (D) near

8. Larry ------- complains because he is satisfied with his job.

   (A) never
   (B) soon
   (C) also
   (D) very

9. We are well ------- of the seriousness of the current situation.

(A) aware

(B) responsible

(C) critical

(D) similar

11. Brandon ------- carried the bottle, but he dropped it on the way.

(A) care

(B) caring

(C) careful

(D) carefully

10. Mark's Grocery sells fresh vegetables at ------- prices.

(A) reason

(B) reasonable

(C) reasoning

(D) reasonably

12. This is ------- information, so we cannot discuss it in public.

(A) confident

(B) confidential

(C) confidently

(D) confidentially

 어휘

suit 양복	donate 기부하다	critical 결정적인, 비판적인
over the phone 전화로	fundraising 모금, 기금 모금	fresh 신선한
solve 해결하다, 풀다	significance 중요성, 의미	vegetable 채소
add 더하다	signify 의미하다	reason 이유
addition 추가	long weekend 긴 주말 연휴	carry 가져가다, 운반하다
interview 면접, 인터뷰	empty 비어 있는	drop 떨어뜨리다
applicant 지원자	complain 불평하다	on the way 도중에
software 소프트웨어	also 또한	discuss 논의하다
delete 삭제하다	seriousness 심각성	in public 공공장소에서, 공개적으로
respected 존경 받는	current 현재의	
field 분야	situation 상황	

☐ considerate	사려 깊은	☐ fortunate	운 좋은, 다행한
☐ considerable	상당한	☐ fortunately	다행히
☐ significant	중요한	☐ thorough	철저한
☐ successful	성공적인	☐ thoroughly	철저하게
☐ successive	연속적인	☐ relatively	상대적으로
☐ consecutive	연속적인	☐ absolutely	절대적으로, 틀림없이
☐ respectful	존중하는	☐ rarely	거의 ~ 않는
☐ respective	각자의, 각각의	☐ usually	대개, 보통
☐ costly	값비싼	☐ closely	면밀히, 빈틈없이
☐ reasonable	적절한	☐ nearly	거의
☐ hopeful	희망에 찬, 희망적인	☐ shortly	곧
☐ hopeless	가망 없는, 절망적인	☐ in addition	게다가, 덧붙여
☐ public	공적인, 공공의	☐ be available for	~이 이용 가능하다
☐ private	사적인, 사유의	☐ be qualified for	~할 자격이 있다

보카 체크업 주어진 우리말에 맞게 ⓐ와 ⓑ 중 적절한 표현을 고르세요.

1 Taylor 씨는 그 상을 2년 **연속해서** 받았다.

➡ Ms. Taylor won the award for two (ⓐ consecutive ⓑ successful) years.

2 그 환자는 약속에 늦는 경우가 **거의 없다**.

➡ The patient is (ⓐ usually ⓑ rarely) late for the appointment.

3 당신은 허가 없이 **사유지**에 들어갈 수 없다.

➡ You cannot enter (ⓐ public ⓑ private) property without permission.

4 10년의 경력이 내가 그 직책을 **맡을 수 있도록** 해 주었다.

➡ Ten years of experience made me (ⓐ available ⓑ qualified) for the position.

5 우리 팀은 주식시장을 **면밀히** 추적 관찰할 것이다.

➡ My team will (ⓐ closely ⓑ nearly) monitor the stock market.

6 그 과학자들은 **각각의** 분야에서 연구를 하고 있다.

➡ The scientists are doing research in their (ⓐ respectful ⓑ respective) fields.

동사의 시제

동사는 문장의 필수 요소 중 하나로서 주어의 동작이나 상태를 설명하는 품사입니다. 시제에 따라 동시의 기본형에서 올바르게 변형된 형태의 동사를 사용해야 합니다. 각 시제에 맞는 동사의 형태와 쓰임을 익혀봅시다.

① **단순시제**
② **진행시제**
③ **완료시제**

토익 문법 포인트

● **단순시제**
   현재, 과거, 미래 시제를 나타내며 각각 '~하다/이다', '~했다/였다', '~할 것이다/~일 것이다'로 해석됩니다.

● **진행시제**
   특정 시점에서 **진행 중인 동작에 초점**을 두고 있는 시제입니다.

● **완료시제**
   과거 또는 현재의 특정 시점에서 그 이후까지 계속 이어지거나 영향을 미치는 경우에 사용하는 시제입니다. 현재완료, 과거완료, 미래완료의 각각의 의미와 형태를 잘 익혀 두어야 합니다.

단순시제

단순시제는 현재시제, 과거시제, 미래시제로 분류할 수 있습니다. 각 시제들이 어떻게 사용되는지 구분해서 익혀 두어야 합니다.

❹ 현재시제

현재시제는 반복적인 행동이나 습관, 현재의 상태, 일반적인 사실을 설명할 때 사용되는 시제로서, 일반적으로 '~하다/~이다'로 해석됩니다. 주어가 3인칭 단수일 경우에는 동사에 –(e)s를 붙인다는 점에 주의해야 합니다.

용법	반복적인 행동이나 습관 / 현재의 상태 / 일반적 사실
형태	• be동사: am / are / is • 일반동사: 3인칭 단수 주어인 경우 + (e)s
함께 쓰이는 표현	always 항상 sometimes 가끔 often 자주 every 매, ~마다

Billy **goes** to the gym every morning. Billy는 매일 아침 헬스클럽에 간다.

We **are** angry about the man's reaction.   우리는 그 남자의 반응에 대해 화가 나 있다.

Nobody **likes** to work on the weekend. 주말에 일하고 싶어하는 사람은 없다.

❹ 과거시제

과거시제는 과거에 일어난 일이나 과거의 상태를 설명할 때 사용되는 시제로서, '~했다/~였다'라고 해석됩니다. 동사의 기본형에 –(e)d를 붙이는 것이 일반적인 형태이지만, 불규칙하게 변하는 동사들은 따로 익혀 두어야 합니다.

용법	과거에 일어난 일 / 과거의 상태
형태	• be동사: was / were • 일반동사: 동사 + (e)d / 불규칙 과거형
함께 쓰이는 표현	yesterday 어제 ago ~ 전에 last 지난 then 그때

The Labor Day sale **started** three days ago. 노동절 세일이 3일 전에 시작했다.

The commercial **was** very popular last year. 그 광고는 작년에 상당히 인기가 있었다.

❹ 미래시제

미래시제는 미래에 대한 계획, 일정, 추측을 나타낼 때 사용되는 시제로서, '~할 것이다/~일 것이다'라고 해석됩니다. 'will + 동사원형' 또는 'be going to + 동사원형'의 형태로 나타냅니다.

용법	미래에 대한 계획 / 일정 / 추측
형태	• will + 동사원형 • be going to + 동사원형
함께 쓰이는 표현	tomorrow 내일 next 다음 soon 곧 shortly 곧

I **will send** out the invitation cards tomorrow. 나는 내일 초대장을 발송할 것이다.

The flight from Chicago **is going to land** shortly. 시카고에서 온 항공기가 곧 착륙할 것이다.

The surprise party **will be** a lot of fun. 깜짝 파티는 아주 재미있을 것이다.

A 다음 밑줄 친 부분이 맞으면 T, 틀리면 F에 표시하세요.

1 Chloe often <u>brings</u> her own lunch.　　　　　　　☐ T　　☐ F

2 The fire alarm <u>rings</u> 30 minutes ago.　　　　　　☐ T　　☐ F

3 My coworker <u>went</u> on a vacation next week.　　　☐ T　　☐ F

4 The company's main office <u>is</u> in Seoul now.　　　☐ T　　☐ F

5 Forkland Corp. <u>will build</u> a new factory last year.　☐ T　　☐ F

6 The department store <u>was</u> very crowded then.　　☐ T　　☐ F

7 They <u>are going to announce</u> the result soon.　　　☐ T　　☐ F

8 The new employees <u>will attend</u> the orientation yesterday.　☐ T　　☐ F

> **어휘** ring 울리다　main office 본사　crowded 붐비는　announce 발표하다　result 결과　attend 참석하다

B 다음 우리말에 맞게 괄호 안의 동사를 이용해 빈칸을 완성하세요.

1 그가 실수로 파일을 지웠다. (delete)
　➡ He ＿＿＿＿＿＿＿ the file by accident.

2 내일 나는 그 예약을 취소할 것이다. (cancel)
　➡ Tomorrow, I ＿＿＿＿＿＿＿ the reservation.

3 Bentley 씨의 연구는 환경에 초점을 둔다. (focus)
　➡ Mr. Bentley's research ＿＿＿＿＿＿＿ on the environment.

4 그들은 항상 고객 불만에 신속하게 반응한다. (react)
　➡ They always ＿＿＿＿＿＿＿ quickly to customer complaints.

5 내 매니저가 나에게 추천서를 써 주었다. (write)
　➡ My manager ＿＿＿＿＿＿＿ me a recommendation letter.

6 Samantha는 매 시간마다 이메일을 확인한다. (check)
　➡ Samantha ＿＿＿＿＿＿＿ her e-mails every hour.

7 그 인턴은 곧 돌아올 것이다. (be)
　➡ The intern ＿＿＿＿＿＿＿ back shortly.

8 그녀는 지난 달에 새로운 직장을 찾았다. (find)
　➡ She ＿＿＿＿＿＿＿ a new job last month.

> **어휘** by accident 실수로　environment 환경　complaint 불만　recommendation letter 추천서　intern 인턴

진행시제

진행시제는 특정 시점에 진행 중인 동작을 설명하는 시제로서 'be + –ing'의 형태를 가지고 있습니다. 각 시제의 정확한 형태와 차이점에 대해 알아봅시다.

Ⓐ 현재진행시제

현재 진행 중인 동작을 설명하는 시제로서 '～하고 있다/～하는 중이다'라고 해석됩니다. 현재진행시제는 가까운 미래에 일어날 일을 나타낼 때 사용될 수도 있는데, 이때는 '～할 것이다'라는 의미입니다.

용법	현재 진행 중인 동작 / 가까운 미래에 일어날 일
형태	am/are/is + –ing
함께 쓰이는 표현	now 지금 right now 바로 지금 at the moment 바로 지금

Mr. and Mrs. Fields **are staying** at a hotel now.   Fields 부부는 지금 호텔에 머물고 있다.

The store **is closing** in 10 minutes.   그 가게는 10분 후에 문을 닫을 것이다.

Ⓑ 과거진행시제

과거 시점에 진행 중이었던 동작을 설명하는 시제로서 '～하고 있었다/～하는 중이었다'라고 해석됩니다. 과거 특정 시점을 나타내는 시간 표현과 함께 사용될 수 있습니다.

용법	과거에 진행 중이었던 동작
형태	was/were + –ing
함께 쓰이는 표현	last night 어젯밤에 at (+ 과거시간) ～시에 when (+ 과거시제) ～했을 때

They **were meeting** with a client last night.   그들은 어젯밤에 고객과 만나고 있었다.

I **was making** copies when you called yesterday.   네가 어제 전화했을 때 나는 복사를 하고 있었다.

Ⓒ 미래진행시제

특정 미래 시점에 진행 중일 동작을 설명해주는 시제로서 '～하고 있을 것이다/～하는 중일 것이다'라고 해석됩니다. 미래 특정 시점을 나타내는 시간 표현과 함께 사용될 수 있습니다.

용법	미래에 진행 중일 동작
형태	will be + –ing
함께 쓰이는 표현	tomorrow 내일 at (+ 미래시간) ～시에 next 다음

We **will be having** lunch at 12:30 tomorrow.   우리는 내일 12시 30분에 점심을 먹고 있을 것이다.

Olivia **will be preparing** for the presentation next week.
Olivia는 다음 주에 프레젠테이션을 준비하고 있을 것이다.

● 정답 및 해설 p.016

A 다음 ( ) 안에 들어갈 알맞은 말을 고르세요.

1 He (is packing / was packing) a suitcase at 8 o'clock yesterday.

2 The growth rate (was slowing / will be slowing) down next year.

3 The salesperson (is showing / was showing) her a dishwasher now.

4 They will be interviewing Mr. Fallis (last Tuesday / next Tuesday).

5 Your coworkers (are moving / will be moving) the boxes right now.

6 Robert (is receiving / was receiving) training last Thursday.

7 I (am working / was working) with the marketing team now.

8 Amanda (was resting / will be resting) on the beach tomorrow.

9 The committee is making an important decision (last week / at the moment).

10 Eric (is reading / was reading) a newspaper when I entered the office.

어휘 pack 짐을 싸다 suitcase 여행 가방 growth rate 성장률 dishwasher 식기 세척기 rest 쉬다 decision 결정
enter 들어가다

B 보기에서 알맞은 말을 골라 다음 우리말에 맞게 빈칸을 완성하세요.

| **보기** follow   inspect   express   explain   increase   review |

1 유가가 빠르게 상승하고 있다.
　➡ The oil price ＿＿＿＿＿＿＿＿＿＿ rapidly.

2 우리는 내일 이 시간에 기계들을 점검하고 있을 것이다.
　➡ We ＿＿＿＿＿＿＿＿＿＿ the machines at this time tomorrow.

3 그 남자는 나에게 자신의 계획을 설명하고 있었다.
　➡ The man ＿＿＿＿＿＿＿＿＿＿ his plan to me.

4 새 회원들은 내 지시를 따르고 있었다.
　➡ The new members ＿＿＿＿＿＿＿＿＿＿ my instructions.

5 매니저는 내일 우리의 제안서를 검토하고 있을 것이다.
　➡ The manager ＿＿＿＿＿＿＿＿＿＿ our proposals next Monday.

6 그들은 보안 문제에 관해 우려를 표하고 있다.
　➡ They ＿＿＿＿＿＿＿＿＿＿ their concerns about the security problem.

어휘 follow 따르다 inspect 점검하다, 검사하다 express 표현하다 instruction 지시 concern 우려, 걱정

완료시제

완료시제는 과거 또는 현재의 특정 시점에 일어난 일이 그 이후의 시점까지 이어지거나 영향을 미치는 경우에 사용되며, 'have + p.p.(과거분사)'의 형태로 나타냅니다. 과거분사는 규칙동사의 경우 '–(e)d'를 붙인 형태인 과거형과 동일하지만, 불규칙하게 변하는 동사들은 따로 익혀 두어야 합니다.

Ⓐ 현재완료시제

과거에 일어난 일이 현재까지 계속해서 이어지거나 현재에 영향을 미치는 경우를 나타내는 시제로서, '∼해 왔다/∼한 적이 있다/∼했다' 등으로 해석됩니다.

용법	과거에서 현재까지 계속된 일 / 경험 / 완료
형태	have/has + p.p.
함께 쓰이는 표현	for ∼동안 since ∼이래로 never ∼한 적이 없는 just 막, 방금 already 이미 yet 아직

Susan **has known** James since 2015. Susan은 James를 2015년부터 알아 왔다.

They **have** never **talked** to each other before. 그들은 전에 서로 이야기한 적이 한 번도 없다.

We **have not organized** the year-end party yet. 우리는 아직 연말 파티를 준비하지 않았다.

Ⓑ 과거완료시제

과거의 특정 시점보다 앞서 발생한 일에 대해 설명할 때 사용되는 시제로서, 주로 '∼했다/∼했었다'와 같이 해석됩니다.

용법	과거 특정 시점보다 앞선 과거의 일
형태	had + p.p.
함께 쓰이는 표현	before ∼전에 when (+ 과거시제) ∼했을 때

My roommate **had renewed** her insurance before the accident. 내 룸메이트는 사고 전에 보험을 갱신했다.

She **had** already **bought** her ticket when I asked. 내가 물어봤을 때 그녀는 이미 티켓을 구매했다.

Ⓒ 미래완료시제

미래 특정 시점까지 이어지거나 완료될 일을 설명할 때 쓰이는 시제로서, '∼할 것이다/∼하는 것이 될 것이다'는 뜻을 나타냅니다.

용법	미래까지 계속될 일 / 미래에 완료될 일
형태	will have + p.p.
함께 쓰이는 표현	by ∼까지 by next 다음 ∼까지 by the time (+ 미래시제) ∼할 때까지

I **will have lived** here for 10 years by next month. 나는 다음 달이면 여기에서 10년을 사는 셈이 될 것이다.

Thomas **will have finished** the task by 5:00. Thomas는 5시까지 그 업무를 마칠 것이다.

● 토익 맛보기

Q The writer ------- a new book last year.

(A) publishes   (B) published   (C) has published   (D) will publish

그 작가는 작년에 새 책을 출판했다.

확인콕 현재완료시제와 과거시제

현재완료시제는 과거에 일어난 일이 현재에 영향을 미친 경우에 사용하는 시제이므로 시간을 특정 과거 시점으로 한정해 주는 과거 시간 표현과는 함께 쓸 수 없습니다. 문제에 'last year'라는 표현이 등장하므로 빈칸에는 현재완료가 아닌 과거시제 동사가 사용되어야 합니다. 정답은 (B)의 published입니다.

The mechanic **has fixed** my car yesterday. (X)

The mechanic **fixed** my car yesterday. (O) 수리 기사가 어제 나의 차를 수리했다.

확인학습 ③

*정답 및 해설 p.017

A 다음 밑줄 친 부분을 현재완료시제로 고쳐 쓰세요.

1   We <u>discussed</u> this problem twice.   _____

2   Patrick <u>broke</u> his promise to me.   _____

3   Jennifer <u>never answered</u> my questions.   _____

4   The members <u>already gathered</u> in the room.   _____

5   Mr. Vincent <u>forgot</u> the account number.   _____

어휘 discuss 논의하다   promise 약속   gather 모이다   forget 잊다   account 계좌, 구좌

B 다음 ( ) 안에 들어갈 알맞은 말을 고르세요.

1   The director (has commented / will have commented) on it already.

2   Nick has not left his desk (for / since) over three hours.

3   The conference (began / has begun) 10 minutes ago.

4   I (had completed / will have completed) the project by next Friday.

5   Travia International has been a leading company (for / since) 2000.

6   Tyler (submitted / has submitted) the report on June 13th.

7   Alice (had reviewed / will have reviewed) the data before the meeting.

어휘 comment 언급하다   leave 떠나다   complete 마치다, 완료하다   submit 제출하다   review 검토하다, 리뷰   leading 선두의

1. The research center ------- a survey right now.

   (A) conducts

   (B) is conducting

   (C) will conduct

   (D) has conducted

2. The store ------- me the shipping schedule yesterday.

   (A) send

   (B) sends

   (C) sent

   (D) has sent

3. The Internet connection sometimes ------- during the day.

   (A) fails

   (B) is failing

   (C) to fail

   (D) failing

4. Allison ------- on the planning committee since March.

   (A) serves

   (B) will serve

   (C) has served

   (D) will have served

5. They ------- the entrance sometime next Monday.

   (A) will decorate

   (B) is decorating

   (C) has decorated

   (D) decorates

6. Brendale Theater ------- three days ago after the renovation.

   (A) reopened

   (B) has reopened

   (C) reopens

   (D) was reopening

7. Mr. Pearson ------- the factory tour at this time tomorrow.

   (A) leads

   (B) has led

   (C) will have led

   (D) will be leading

8. The mayor already ------- the construction of a new facility.

   (A) approves

   (B) will approve

   (C) is approving

   (D) has approved

9. The construction worker ------- the third floor at the moment.

(A) was inspecting

(B) is inspecting

(C) will inspect

(D) has inspected

11. His secretary ------- a phone call when Mr. Hamilton got to the office.

(A) is making

(B) was making

(C) has made

(D) will make

10. Fortunately, Joanna and Dan ------- the file before the power went out.

(A) download

(B) has downloaded

(C) had downloaded

(D) will have downloaded

12. Our team ------- the consumer report by the end of next week.

(A) publishes

(B) published

(C) has published

(D) will have published

survey 설문조사	sometime 언젠가	construction 공사, 건설
conduct 실행하다, 수행하다	decorate 장식하다	inspect 점검하다, 검사하다
shipping 배송	renovation 수리	power 힘, 전기
schedule 일정, 스케줄	reopen 다시 문을 열다, 재개하다	go out (전기 등이) 나가다
connection 연결	factory tour 공장 견학	download 다운로드하다
fail 실패하다, 작동이 안되다	lead 이끌다	secretary 비서
planning committee 기획 위원회	mayor 시장	make a phone call 전화를 걸다
serve 근무하다, 봉사하다	construction 건설	get to 도착하다
entrance 입구	facility 시설	consumer 소비자
	approve 승인하다	publish 발행하다, 출판하다

☐ announce	발표하다	☐ cancel	취소하다
☐ attend	참석하다	☐ renew	갱신하다
☐ conduct	실행하다, 수행하다	☐ approve	승인하다, 찬성하다
☐ delete	삭제하다	☐ disapprove	불허하다, 찬성하지 않다
☐ depart	떠나다, 출발하다	☐ lead	이끌다
☐ explain	설명하다	☐ follow	따르다
☐ gather	모이다, 모으다	☐ land	착륙하다
☐ inspect	점검하다	☐ take off	이륙하다
☐ invite	초대하다	☐ decide	결정하다
☐ organize	준비하다, 정리하다	☐ make a decision	결정하다
☐ prepare	준비하다	☐ make a phone call	전화를 걸다
☐ react	반응하다	☐ focus on	~에 초점을 두다
☐ recommend	추천하다	☐ by accident	실수로, 우연히
☐ serve	근무하다, 봉사하다	☐ at the moment	지금

✓ 보카 체크업 주어진 우리말 뜻이 되도록 괄호 안의 단어들을 배열하여 문장을 완성하세요.

1 나는 회의 전에 내 생각을 정리하고 있다. (thoughts, organizing, am, my)

➡ I _____ before the meeting.

2 뉴욕 행 항공편은 이륙했다. (off, has, taken)

➡ The flight for New York _____ .

3 그 판매원은 지금 쉬는 시간이다. (at, moment, the)

➡ The sales agent is on a break _____ .

4 Garcia 씨는 몇 분 전에 결정을 내렸다. (a, decision, made)

➡ Ms. Garcia _____ a few minutes ago.

5 그 기자는 인터뷰를 할 것이다. (conduct, going, to, is)

➡ The reporter _____ an interview.

6 시 의회는 다음해 예산을 승인할 것이다. (the, will, budget, approve)

➡ The city council _____ for the coming year.

동사의 태 / 수 일치

문장 속에서 동사를 사용할 때에는 주어와 동사의 관계에 맞는 태와 주어의 수에 일치하는 형태의 동사를 사용해야 합니다. 능동태와 수동태의 구분과 수 일치에 관한 문제는 중요하게 다루어지므로 확실하게 학습해 두어야 합니다.

토익 문법 포인트

- **능동태와 수동태**
  주어가 **행위의 주체**가 되는 경우 **능동태**를 사용하고, 주어가 **행위를 받는 대상**이 되는 경우 **수동태**를 사용합니다.
- **주어 동사의 수 일치**
  주어의 수에 따라서 **단수 주어**에는 **단수 동사**, **복수 주어**에는 **복수 동사**를 사용해야 합니다.

능동태와 수동태의 개념

능동태는 '주어 + 동사 + 목적어'의 형태로서 '주어가 ~을 (직접) 하다'라는 의미입니다. 수동태는 '주어 + be동사 + 과거분사'의 형태로서 '주어에게 어떠한 일이 일어났다'라는 의미입니다.

① 능동태: **Koreans** love this song. 한국 사람들은 이 노래를 사랑한다. → 'Koreans'에 초점을 맞춤.

② 수동태: **This song** is loved by Koreans. 이 노래는 한국인들에게 사랑을 받는다. → 'This song'에 초점을 맞춤.

수동태의 형태

Ⓐ 능동태 → 수동태

능동태 문장을 수동태로 바꾸는 방법은 ① 능동태의 목적어를 수동태의 주어로, ② 능동태의 동사를 'be + p.p.(과거분사)'로, ③ 능동태의 주어를 'by + 목적격'으로 전환하는 것입니다.

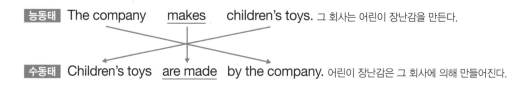

능동태 The company makes children's toys. 그 회사는 어린이 장난감을 만든다.

수동태 Children's toys are made by the company. 어린이 장난감은 그 회사에 의해 만들어진다.

Ⓑ 다양한 시제의 수동태

각각의 시제에 따라 알맞은 형태의 수동태를 사용해야 합니다.

시제	능동태의 동사	수동태의 동사
현재	현재형 동사	am/are/is + p.p.
과거	과거형 동사	was/were + p.p.
미래	will + 동사원형	will + be + p.p.
진행	be동사 + V – ing	be동사 + being + p.p.
완료	have + p.p.	have + been + p.p.

Old documents **are kept** in the basement. 오래된 문서들은 지하실에 보관된다. (현재)

The research **was done** by a group of experts. 그 연구는 전문가 단체에 의해 행해졌다. (과거)

My proposal **will be reviewed** by the committee. 내 제안서는 위원회에 의해 검토될 것이다. (미래)

The report **is being printed** right now. 보고서가 지금 출력되는 중이다. (진행)

The rumor **has been believed** for a long time. 그 소문은 오랫동안 믿어져 왔다. (완료)

Ⓒ 'by + 목적격'의 생략

능동태의 주어는 수동태 문장에서 'by + 목적격'이 되는데, 목적격이 가리키는 대상이 일반적인 사람이거나 중요하지 않을 경우 생략될 수 있습니다.

① 능동태: <u>They</u> shipped my order on Saturday. 그들은 내 주문을 토요일에 발송했다.

② 수동태: My order was shipped on Saturday <u>(by them)</u>. 내 주문은 (그들에 의해) 토요일에 발송되었다.

A 다음 문장이 능동태인지 수동태인지 선택하세요.

1 His offer has been denied. ⓐ 능동태 ⓑ 수동태

2 My colleague needs some help from me. ⓐ 능동태 ⓑ 수동태

3 A free sample was sent to me yesterday. ⓐ 능동태 ⓑ 수동태

4 The festival continued for three days. ⓐ 능동태 ⓑ 수동태

5 Those buildings were built 100 years ago. ⓐ 능동태 ⓑ 수동태

6 John's name was mentioned twice. ⓐ 능동태 ⓑ 수동태

7 We will hold a big marketing event. ⓐ 능동태 ⓑ 수동태

8 The government reduced air pollution by 20 percent. ⓐ 능동태 ⓑ 수동태

> **어휘** deny 거부하다, 부인하다 free 무료의 mention 언급하다 hold 열다, 개최하다 reduce 줄이다 pollution 오염

B 밑줄 친 부분에 주의해서 다음 문장을 수동태로 고쳐 빈칸을 완성하세요.

1 We <u>guarantee</u> the best price for our customers.

➡ The best price _____ for our customers.

2 BT Consulting Firm <u>will host</u> a job fair next week.

➡ A job fair _____ by BT Consulting Firm next week.

3 Mark <u>was checking</u> the inventory.

➡ The inventory _____ by Mark.

4 The manager <u>has approved</u> our plans.

➡ Our plans _____ by the manager.

5 They <u>brought</u> a few extra clothes to the children.

➡ A few extra clothes _____ to the children.

6 My team <u>will purchase</u> two printers next month.

➡ Two printers _____ next month by my team.

7 The engineer <u>is installing</u> new software right now.

➡ New software _____ by the engineer right now.

8 The director <u>introduced</u> three new rules.

➡ Three new rules _____ by the director.

> **어휘** guarantee 보증하다 host 주최하다 job fair 취업 설명회 inventory 재고, 재고 목록 approve 승인하다 purchase 구매하다 install 설치하다

능동태 vs. 수동태

능동태와 수동태는 일반적으로 의미 파악을 통해 구별이 가능하지만, 다음 사항을 함께 기억해 두면 보다 복잡한 문장의 구조를 파악할 때 도움이 됩니다.

ⓐ 자동사와 타동사

능동태 문장의 목적어가 수동태 문장의 주어가 되기 때문에, 목적어가 없는 문장은 수동태로 변형될 수 없습니다. 즉, 자동사가 사용된 문장은 수동태로 변형될 수 없고, 타동사가 사용된 문장만 수동태 문장으로 전환이 가능합니다.

자동사 (수동태 X)			타동사 (수동태 O)		
happen 일어나다	arrive 도착하다	become 되다	receive 받다	invite 초대하다	deliver 배달하다

The application form **arrived** today. 지원서가 오늘 도착했다.

→ The application form **was arrived** today. (X) (arrive: 자동사)

They **received** the application form today. 그들은 오늘 지원서를 받았다.

→ The application form **was received** today. (O) (receive: 타동사) 지원서는 오늘 수령되었다.

ⓑ 목적어의 유무

능동태의 목적어가 수동태의 주어가 되기 때문에, 수동태 문장에는 목적어가 없습니다.

① 능동태: Mr. Miller **manages** <u>my department</u>. Miller 씨가 우리 부서를 관리한다.
                                     목적어 (O)

② 수동태: My department **is managed** by Mr. Miller. 우리 부서는 Miller 씨에게 관리를 받는다.
                   목적어 (X)

주의해야 할 수동태

수동태 표현들 중에서 **by**가 아닌 다른 전치사가 쓰이는 경우, 각각의 전치사에 유의해야 합니다.

ⓐ 전치사 with가 사용된 수동태 표현

be satisfied with ~에 만족하다   be pleased with ~에 기쁘다   be covered with ~로 덮여 있다

Mr. Martin **will be satisfied with** the result. Martin 씨는 결과에 만족할 것이다.

ⓑ 전치사 in이 사용된 수동태 표현

be interested in ~에 흥미가 있다   be involved in ~에 관련되다   be included in ~에 포함되다

The manual **was included in** the box. 설명서는 상자 안에 포함되어 있었다.

ⓒ 전치사 to가 사용된 수동태 표현

be related to ~에 관련되다   be dedicated to ~에 헌신하다   be accustomed to ~에 익숙하다

This book **will be dedicated to** my grandparents. 이 책은 나의 조부모님께 헌정될 것이다.

ⓓ 기타 전치사가 사용된 수동태 표현

be worried about ~에 대해 걱정하다	be surprised at ~에 놀라다
be known for ~으로 알려지다	be concerned about ~에 대해 걱정하다
be based on ~에 근거하다	be convinced of ~을 확신하다

We **are worried about** Internet security. 우리는 인터넷 보안에 대해 걱정하고 있다.

Pacific Grande Hotel **is known for** its excellent service. Pacific Grande 호텔은 완벽한 서비스로 유명하다.

확인학습 ❷

● 정답 및 해설 p.020

A 다음 (   ) 안에 들어갈 알맞은 말을 고르세요.

1 The mail carrier (is delivered / delivers) mail every morning.

2 Three meetings (plan / are planned) for Monday.

3 Accidents can (happen / be happened) at any time.

4 A photo (has attached / has been attached) to this e-mail.

5 We were (satisfied / interested) with the new device.

6 Mr. Simmons (accepted / was accepted) my apology.

어휘 mail carrier 우체부   plan 계획하다, 계획   attach 첨부하다   device 장비, 장치   apology 사과

B 보기에서 다음 빈칸에 들어갈 가장 알맞은 전치사를 고르세요.

| **보기** about   at   for   in   of   on   to   with |

1 My coworkers will be surprised _____ the news.

2 We are accustomed _____ the new policy.

3 The top of the mountain was covered _____ snow.

4 Chicago is known _____ its great architecture.

5 P.W. Moore Corporation was involved _____ the scandal.

6 My boss is convinced _____ our success.

7 The government officials are concerned _____ the economy.

8 The movie was based _____ a true story.

어휘 architecture 건축   scandal 스캔들, 추문   success 성공   government official 정부 관리, 공무원

수 일치

수 일치란 주어가 단수일 때는 단수동사, 복수일 때는 복수동사를 쓰는 것을 의미합니다. 아래의 표를 통해 단수동사와 복수동사의 형태를 정리해 봅시다.

	단수	복수
be동사	am/is (과거형: was)	are (과거형: were)
일반동사	has does makes	have do make

A man is standing in front of the building. 한 남자가 건물 앞에 서 있다.

Two men are standing in front of the building. 두 남자가 건물 앞에 서 있다.

Ⓐ 단수동사를 쓰는 경우

① 단수가산명사: **This office** is open to every employee. 이 사무실은 모든 직원들에게 열려 있다.

② 불가산명사: **The news** was really shocking. 그 소식은 정말 충격적이었다.

③ 단수대명사: **She** has improved her Spanish a lot. 그녀의 스페인어가 많이 늘었다.

④ 명사구: **Having a hobby** makes our life happier. 취미를 갖는 것은 우리 삶을 더 행복하게 해 준다.

⑤ 명사절: **That he forgot his appointment** is unusual. 그가 약속을 잊은 것은 드문 일이다.

Ⓑ 복수동사를 쓰는 경우

① 복수명사: **Some people** bring their own food. 어떤 사람들은 자기가 먹을 음식을 가져온다.

② 복수대명사: **They** were helping customers in the store. 그들은 가게 안에 있는 손님들을 돕고 있었다.

주의해야 할 수 일치

Ⓐ 명사구/명사절 안의 복수명사

명사구와 명사절이 주어인 경우, 마지막 명사의 수와 상관없이 단수로 취급합니다.

To learn new <u>languages</u> requires a lot of effort. 새로운 언어들을 배우는 것은 많은 노력을 요한다.

That I won those <u>games</u> was a big surprise. 내가 그 게임에서 이긴 것은 크게 놀랄 일이었다.

Ⓑ 수식어구가 포함된 주어

'단수 주어 + 복수명사로 끝나는 수식어구' 또는 '복수 주어 + 단수명사로 끝나는 수식어구' 형태에 주의합니다.

The car with <u>two passengers</u> is waiting for me. 두 명의 승객을 태운 자동차가 나를 기다리고 있다.

The meeting rooms on <u>the third floor</u> are empty. 3층에 있는 회의실들은 비어 있다.

● 토익 맛보기

Q The restaurants on the beach ------- many tourists.

(A) attract   (B) attracts   (C) attraction   (D) attracting

빈인트 수식어구가 포함된 주어와 동사의 수 일치

동사 앞에 여러 개의 명사가 있을 경우, 주어와 수식어를 구분할 수 있어야 합니다. 문장에서 주어는 the restaurants이고 the beach는 수식어구의 일부이므로, 빈칸에는 복수동사인 (A)가 사용되어야 합니다.

The woman in the white pants **are** my friend. (X) (the white pants: 주어 X)

The woman in the white pants **is** my friend. (O) (the woman: 주어 O) 흰색 바지를 입은 여자는 나의 친구이다.

확인학습 ③

• 정답 및 해설 p.021

A 다음 (   ) 안에 들어갈 알맞은 말을 고르세요.

1 Most pictures (is taken / are taken) with this camera.

2 Those shirts in the box (is designed / are designed) by Ellen.

3 Mr. Howard's client (call / calls) him every morning.

4 You hardly (make / makes) mistakes at work.

5 That woman wearing glasses (is / are) my dentist.

6 That they will launch a new program (is confirmed / are confirmed).

7 The applicants (is listening / are listening) to his talk quietly.

8 A lot of information (was provided / were provided) to the participants.

9 Peter and Tim (has invited / have invited) their friends to the party.

10 To understand his words (is / are) not easy.

어휘 client 고객 launch 출시하다, 시작하다 confirm 확인하다 provide 공급하다, 주다 participant 참석자

B 다음 밑줄 친 부분이 맞으면 T, 틀리면 F에 표시하세요.

1 Their advice <u>are</u> always helpful to me.　　　　　　□ T　　□ F

2 Our next meeting <u>are scheduled</u> on January 19th.　　□ T　　□ F

3 The train for Busan <u>was delayed</u> yesterday.　　　　　□ T　　□ F

4 Working with those scientists <u>were</u> a great experience.　□ T　　□ F

5 Joey and I <u>am talking</u> about our vacation plans.　　　　□ T　　□ F

어휘 helpful 도움이 되는 schedule 일정을 잡다 delay 지연시키다 experience 경험 vacation 휴가, 방학

1. Production of the Model SR-K ------- by the inspector.

   (A) stopped
   (B) was stopped
   (C) to stop
   (D) stopping

2. An exhibition ------- in the City Gallery from March 31st to April 10th.

   (A) hold
   (B) holds
   (C) are held
   (D) is held

3. Ms. Lambert was pleased ------- her team's performance in the first quarter.

   (A) in
   (B) at
   (C) with
   (D) for

4. Developing new products ------- our next goal.

   (A) is
   (B) are
   (C) being
   (D) have been

5. The Mickelson Research Group ------- on experts' opinions.

   (A) relies
   (B) rely
   (C) is relied
   (D) are relied

6. The company policy on overtime will ------- at the end of this year.

   (A) revising
   (B) revise
   (C) revised
   (D) be revised

7. The resort ------- for its beautiful beaches in the summer.

   (A) to know
   (B) knowing
   (C) knows
   (D) is known

8. The committee carefully ------- a few candidates for the position.

   (A) to select
   (B) selecting
   (C) selected
   (D) was selected

9. The men in the waiting room ------- to talk to the president.

(A) wants

(B) want

(C) wanting

(D) to want

10. The copy machine ------- by the technician.

(A) repaired

(B) will have repaired

(C) has been repaired

(D) has being repaired

11. The prediction of next year's economy is based ------- this report.

(A) on

(B) to

(C) for

(D) with

12. These brochures ------- by express mail this afternoon.

(A) arrives

(B) arrived

(C) was arrived

(D) were arrived

production 생산	expert 전문가	position 자리, 직위
inspector 감독관, 조사관	opinion 의견	waiting room 대기실
exhibition 전시회	rely on ~에 의지하다	copy machine 복사기
gallery 미술관	policy 정책	technician 기술자, 기사
hold 열다, 개최하다	overtime 초과근무	repair 수리하다
performance 실적, 공연	revise 개정하다	prediction 예측, 예상
quarter 분기	resort 리조트, 휴양지	economy 경제
develop 개발하다	beach 해변	brochure 카탈로그, 팸플릿, 소책자
product 제품	carefully 신중하게, 조심해서	express mail 속달 우편, 급행 우편
goal 목표	candidate 후보자	

필수어휘 정리   중요 어휘들을 다시 한번 복습하세요.

□ install	설치하다	□ delay	지연시키다, 지연
□ attach	첨부하다	□ guarantee	보증하다, 보증
□ submit	제출하다	□ launch	출시하다, 시작하다, 출시
□ ship	배송하다	□ comment	언급하다, 언급
□ provide	공급하다	□ mention	언급하다, 언급
□ develop	개발하다	□ offer	제안하다, 제안
□ reduce	줄이다	□ repair	수리하다, 수리
□ revise	개정하다, 수정하다	□ review	검토하다, 검토
□ postpone	연기하다	□ schedule	일정을 잡다, 일정
□ confirm	확인하다	□ be pleased with	~에 기쁘다
□ accept	수락하다, 받아들이다	□ be filled with	~으로 가득차다
□ deny	거부하다, 부인하다	□ be dedicated to	~에 헌신하다
□ happen	일어나다, 발생하다	□ be known for	~으로 알려지다
□ occur	일어나다, 발생하다	□ be based on	~에 근거하다

✓ 보카 체크업   밑줄 친 단어에 주의하여 각각의 문장을 해석하세요.

1 The applicant <u>attached</u> a copy of his ID card.

  ➡

2 The baseball league <u>delayed</u> the start of the new season.

  ➡

3 A new sales promotion <u>was launched</u> last weekend.

  ➡

4 The earthquake <u>occurred</u> in the middle of the night.

  ➡

5 The event <u>has been postponed</u> because of the bad weather.

  ➡

6 Your report <u>is filled with</u> your supervisor's comments.

  ➡

to부정사 / 동명사

to부정사와 동명사는 각각 동사의 기본형을 변형하여 사용하는 것으로서 문장 속에서 동사가 아닌 다른 품사의 역할을 합니다. to부정사와 동명사는 다른 품사로 사용된다 하더라도 여전히 동사의 성질을 가지고 있기 때문에 준동사라고 합니다. to부정사와 동명사를 구분해서 사용할 수 있도록 학습해 봅시다.

토익 문법 포인트

- **to부정사**
  to 부정사는 '**to + 동사원형**'의 형태로서, 문장에서 **명사, 형용사, 부사의 역할**을 합니다.

- **동명사**
  동명사는 '**동사 + -ing**'의 형태를 가지고 있으며 문장에서 **명사의 역할**을 합니다.

01 to부정사의 역할

to부정사는 'to + 동사원형'의 형태로서, 문장 속에서 명사, 형용사, 부사의 역할을 할 수 있습니다. to부정사는 목적어를 취하는 것과 같은 동사의 성질을 가지고 있기 때문에 '준동사'라고 부릅니다.

Ⓐ 명사 역할

to부정사가 명사처럼 사용되어 문장 속에서 **주어, 목적어, 보어** 역할을 하며 '~하는 것'으로 해석됩니다.

① **주어 역할**: To finish it before 10:00 seems impossible. (seems의 주어)
　　　　　　10시 전에 그것을 끝내는 것은 불가능 한 것 같다.

② **목적어 역할**: We want to invite all the team members to the event. (want의 목적어)
　　　　　　　우리는 그 행사에 팀원 모두를 초대하고 싶다.

③ **보어 역할**: His dream was to win the gold medal at the Olympics. (was의 주격보어)
　　　　　　그의 꿈은 올림픽에서 금메달을 따는 것이었다.

　　　　　　Gina wants us to gather some information first. (want의 목적격보어)
　　　　　　Gina는 우리가 정보를 먼저 모으기를 원한다.

Ⓑ 형용사 역할

to부정사가 명사 수식하는 **형용사 역할**을 하며 '~하는/~할'으로 해석됩니다. 이때, to부정사는 명사의 뒤에 위치합니다.

Andrew did not have any money to buy a new computer. (money를 뒤에서 수식)
Andrew에게는 새 컴퓨터를 살 돈이 하나도 없었다.

They need more time to prepare for the presentation. (time을 뒤에서 수식)
그들에게는 발표를 준비할 시간이 좀 더 필요하다.

Ⓒ 부사 역할

to부정사가 동사, 형용사, 부사 등을 수식하는 **부사 역할**을 합니다. 목적을 나타낼 때에는 '~하기 위해서', 이유를 설명할 때에는 '~해서'로 해석됩니다.

① **목적**: Mr. Davidson called the doctor to make an appointment. (전화한 목적)
　　　　Davidson 씨는 약속을 잡기 위해서 의사에게 전화를 했다.

② **이유**: I was really glad to meet Vicky at the convention. (기쁜 이유)
　　　　나는 그 컨벤션에서 Vicky를 만나서 정말 기뻤다.

02 to부정사의 의미상 주어

to부정사의 주체를 나타낼 때 일반적으로 to부정사 앞에 'for + 목적격'을 표시하며, 이는 '~가 …하는 것'이라고 해석됩니다. 이를 'to부정사의 의미상 주어'라고 합니다.

His explanation was hard to understand. 그의 설명은 이해하기에 어려웠다.
→ understand의 주체가 명시되어 있지 않음

His explanation was hard for me to understand. 그의 설명은 내가 이해하기에 어려웠다.
→ understand의 주체가 'me'라는 점이 명시되어 있음

● 정답 및 해설 p.023

A 보기에서 다음 밑줄 친 to부정사가 어떤 역할을 하는지 고르세요.

> 보기 ⓐ 명사 역할   ⓑ 형용사 역할   ⓒ 부사 역할

1 They should leave early <u>to avoid</u> traffic.   (   )

2 The goal of this program is <u>to train</u> new employees.   (   )

3 I am pleased <u>to introduce</u> Mr. Walls to you.   (   )

4 We are looking for a way <u>to resolve</u> the problem.   (   )

5 Jack decided <u>to quit</u> his job as an accountant.   (   )

6 Everyone has the right <u>to express</u> their own opinion.   (   )

7 Mr. Fisher was happy <u>to find</u> the shirt in black.   (   )

8 You will have a chance <u>to review</u> the document.   (   )

> **어휘** avoid 피하다   traffic 교통량, 교통체증   look for ~을 찾다   resolve 해결하다   quit 그만두다   accountant 회계사   express 표현하다

B 다음 밑줄 친 부분의 해석으로 올바른 것을 고르세요.

1 We practiced a lot <u>to make</u> the presentation successfully.

                   ⓐ 하는 것을   ⓑ 하기 위해서

2 <u>To pass</u> the driving test is not so difficult.   ⓐ 합격하는 것은   ⓑ 합격하기 위해서

3 They are making a plan <u>to surprise</u> Emily.   ⓐ 놀라게 할   ⓑ 놀라게 해서

4 Jennifer was excited <u>to hear</u> the news.   ⓐ 듣는 것을   ⓑ 듣게 되어서

5 It is crucial <u>for me to master</u> the skill.   ⓐ 완벽히 익히는 것이   ⓑ 내가 완벽히 익히는 것이

6 The buyer refused <u>to accept</u> my offer.   ⓐ 수락하는 것을   ⓑ 수락하게 돼서

7 <u>To get a refund</u>, I showed the clerk the receipt.

                   ⓐ 환불 받는 것은   ⓑ 환불 받기 위해서

8 The question was too difficult <u>for me to answer</u>.

                   ⓐ 내가 대답하기에   ⓑ 나를 위해 대답하기에

> **어휘** pass 합격하다   surprise 놀라게 하다   crucial 아주 중요한   skill 기술   refuse 거절하다   refund 환불   receipt 영수증

동명사의 역할

동명사는 '동사원형 + –ing'의 형태로서, 문장 속에서 주어, 목적어, 보어로 사용됩니다. 동명사는 목적어를 취하는 것과 같은 동사의 성질도 가지고 있기 때문에, to부정사와 마찬가지로 '준동사'로 분류됩니다.

Ⓐ 주어 역할

Working long hours is not always efficient. (is의 주어) 오래 일하는 것이 항상 효율적인 것은 아니다.

Getting up early will make you feel energetic. (will make의 주어)
일찍 일어나는 것은 너를 활력 있게 느끼도록 해 줄 것이다.

Ⓑ 목적어 역할

Jimmy enjoys **meeting** new people. (동사 enjoy의 목적어) Jimmy는 새로운 사람들을 만나는 것을 즐긴다.

She explained the reason for **changing** suppliers. (전치사 for의 목적어)
그녀는 공급자를 바꾸는 이유를 설명했다.

Ⓒ 보어 역할

The purpose of this meeting is **sharing** information. (is의 보어) 이 회의의 목적은 정보를 공유하는 것이다.

동명사 vs. 명사

Ⓐ 동명사

동사의 성질을 가지고 있으므로 목적어를 취할 수 있으며, 관사와 함께 쓰일 수 없습니다.

~~The~~ **Reviewing** the documents is the first step. 서류들을 검토하는 것이 첫 번째 단계이다.
→ 목적어(O), 관사(X)

Ⓑ 명사

관사와 함께 쓰일 수 있으며, 목적어를 취할 수 없습니다.

The mangers conducted the **review** ~~the documents~~. 매니저들이 검토를 했다.
→ 목적어(X), 관사(O)

● 토익 맛보기

Q You should think carefully before ------- the offer.

(A) accept   (B) acceptance   (C) accepted   (D) accepting

당신은 제안을 받아들이기 전에 신중하게 생각해야 한다.

> **포인트 동명사와 명사의 구분**
> 동명사와 명사는 둘 다 전치사의 목적어가 될 수 있지만, 동명사는 동사의 성질을 가지고 있어서 목적어인 명사가 이어질 수 있는 반면에, 명사 뒤에는 목적어가 올 수 없습니다. 따라서 정답은 (D)입니다.

They always enjoy **helping** other people. (O) (동명사 + 목적어) 그들은 항상 다른 사람을 돕는 것을 즐거워 한다.
They always enjoy **help** other people. (X)

● 정답 및 해설 p.023

A 다음 우리말에 맞게 괄호 안의 단어들을 배열하여 문장을 완성하세요.

1 더 많은 채소를 먹는 것은 당신의 건강에 좋다. (more, eating, vegetables)

➡ _____ is good for your health.

2 그들은 다른 사람들을 귀찮게 하는 것을 멈춰야 한다. (bothering, people, other)

➡ They should stop _____.

3 그녀의 다음 계획은 새로운 브랜드를 출시하는 것이다. (new, launching, brand, a)

➡ Her next plan is _____.

4 Ryan은 약속을 어겨서 나를 화나게 만들었다. (breaking, promise, his)

➡ Ryan made me angry by _____.

5 새로운 제품을 개발하는 것은 많은 시간이 걸린다. (new, a, developing, product)

➡ _____ takes a lot of time.

6 나의 주요 업무는 고객서비스를 제공하는 것이었다. (service, customer, providing)

➡ My main job was _____.

7 휴대폰 없이 사는 것은 상상이 안 된다. (a, phone, living, cell, without)

➡ _____ is not imaginable.

어휘 bother 귀찮게 하다 launch 출시하다 promise 약속 develop 개발하다 cell phone 휴대폰

B 다음 밑줄 친 부분이 맞으면 T, 틀리면 F에 표시하세요.

1 Mr. Bush agreed with the idea of <u>changing the schedule</u>. □ T □ F

2 My coworker did not like <u>the advising</u>. □ T □ F

3 <u>The suggestion</u> was from the marketing team. □ T □ F

4 We are satisfied with <u>development a new device</u>. □ T □ F

5 I am thinking about <u>attending all the seminars</u>. □ T □ F

6 Gold is always <u>a good investment</u>. □ T □ F

7 <u>Finishing of the task</u> on time seems to be impossible. □ T □ F

8 I have received <u>the confirmation the project</u>. □ T □ F

어휘 development 개발 device 장치, 설비 seminar 세미나 investment 투자 confirmation 확인, 확정

동사의 목적어로 사용되는 to부정사와 동명사

동사에 따라 to부정사를 목적어 취하거나 동명사를 목적어로 취합니다. 또한, 어떤 동사들은 to부정사와 동명사를 모두 목적어로 취할 수 있습니다.

to부정사를 목적어로 취하는 동사		동명사를 목적어로 취하는 동사	
want 원하다	promise 약속하다	enjoy 즐기다	deny 부인하다
decide 결정하다	learn 배우다	mind 꺼리다	consider 고려하다
hope 바라다	offer 제안하다	finish 끝내다	suggest 제안하다
plan 계획하다	refuse 거절하다	avoid 피하다	recommend 추천하다
agree 동의하다	fail 실패하다	keep 계속하다	give up 포기하다

The company **plans to open** a new office in Paris.   그 회사는 파리에 새 사무실을 열 계획이다.

He **finished deleting** all the data on the computer.   그는 컴퓨터에 있는 모든 데이터를 지우는 일을 끝냈다.

to부정사와 동명사의 주요 표현

Ⓐ 동사 + 목적어 + to부정사

동사와 to부정사 사이에 목적어가 위치하면 '…가 ~하는 것을/…에게 ~하라고'와 같은 의미가 됩니다. 이러한 형식으로 쓰일 수 있는 아래의 표현들을 익혀 두어야 합니다.

ask A to do A에게 ~하는 것을 부탁하다	want A to do A가 ~하는 것을 원하다
expect A to do A에게 ~하는 것을 기대하다	allow A to do A가 ~하는 것을 허락하다
remind A to do A에게 ~하는 것을 상기시키다	encourage A to do A가 ~하도록 격려하다
advise A to do A에게 ~하라고 조언하다	force A to do A에게 ~하도록 강요하다

The president **expects us to win** the contract.   사장은 우리가 계약을 수주하기를 기대한다.

Daniel **advised me to take** the subway to work.   Daniel은 내게 회사까지 지하철을 타고 오라고 조언했다.

Ⓑ 동명사가 들어간 관용 표현

아래의 동명사 관용 표현을 숙어처럼 익혀 두어야 합니다.

be worth –ing ~할 만한 가치가 있다	be busy –ing ~하느라 바쁘다
spend time/money –ing ~하는 데 시간/돈을 쓰다	cannot help –ing ~하지 않을 수 없다
on –ing ~하자마자	go –ing ~하러 가다
look forward to –ing ~하는 것을 기대하다	be committed to –ing ~하는데 전념하다
be used to –ing ~하는 것에 익숙하다	
have difficulty/trouble (in) –ing ~하는데 어려움이 있다	

Everyone **was busy decorating** the event hall.   모두 행사장을 장식하느라 바빴다.

I am **looking forward to hearing** from you soon.   나는 너에게 곧 소식을 듣게 되는 것을 기대하고 있다.

Q Ms. Nelson considers ------- to a bigger apartment.

(A) move   (B) moving   (C) to move   (D) moved

Nelson 씨는 더 넓은 아파트로 이사가는 것을 고려하고 있다.

변인트 동사의 목적어로 쓰이는 to부정사와 동명사

동사에 따라 목적어 자리에 to부정사가 와야 하는지 동명사가 와야 하는지 구분할 수 있어야 합니다. 빈칸 앞의 동사 consider는 동명사를 목적어로 취하는 동사이므로 (B)의 moving이 정답입니다.

They did not **mind** <u>helping</u> my team.   (mind + -ing)   그들은 우리 팀을 기꺼이 도와주었다.

They **refused** <u>to help</u> my team.   (refuse + to부정사)   그들은 우리 팀을 돕는 것을 거절했다.

확인학습 ③

● 정답 및 해설 p.024

A 다음 ( ) 안에 들어갈 알맞은 말을 고르세요.

1 Hagia Sophia is definitely worth (to visit / visiting).

2 She denies (to spread / spreading) the rumor.

3 We expect the mail (to arrive / arriving) today.

4 Brian kept (to work / working) without a break.

5 Ms. Moore reminded him (to book / booking) the flight.

6 We hope (to achieve / achieving) the goal within six months.

7 Joanne could not help (to reschedule / rescheduling) her plan.

8 The president promised (to provide / providing) the free shuttle.

어휘 definitely 분명히   spread 퍼뜨리다   rumor 소문   achieve 성취하다   overhear 우연히 듣다, 엿듣다   free 무료의

B 밑줄 친 부분을 문법에 맞게 고쳐 쓰세요.

1 Judy <u>asked me bring</u> the file.   ....

2 I <u>suggest to talk</u> to the consultant first.   ....

3 WK Technology <u>offered paying</u> the cost.   ....

4 The client <u>agreed meeting</u> with us at 3:30.   ....

5 Melanie had <u>trouble to access</u> the account.   ....

6 Mr. Harris spent an hour <u>to do nothing</u>.   ....

어휘 cost 비용   access 접근하다, 접근   account 계좌

1. The technical support team solved the issue by ------- the security program.

   (A) updated
   (B) updating
   (C) update
   (D) to update

5. It is important ------- Eric to understand the manufacturing process.

   (A) for
   (B) of
   (C) by
   (D) to

2. You must call the restaurant ------- your reservation.

   (A) confirm
   (B) confirmed
   (C) to confirm
   (D) to confirming

6. TPA Investment Group has a plan ------- their business.

   (A) expand
   (B) expanded
   (C) expanding
   (D) to expand

3. Ms. Gilmore decided ------- five additional sales representatives.

   (A) hire
   (B) hired
   (C) hiring
   (D) to hire

7. You should avoid ------- personal remarks during the meeting.

   (A) make
   (B) to make
   (C) making
   (D) to making

4. The trip to New York was a great ------- to me.

   (A) experience
   (B) experiencing
   (C) to experience
   (D) experienced

8. The organization is committed to ------- free legal advice.

   (A) to provide
   (B) providing
   (C) provide
   (D) provided

9. The budget will be used for ------- the community center.

(A) renovation

(B) renovate

(C) renovated

(D) renovating

11. The department has difficulty ------- a right person for the job.

(A) to find

(B) finding

(C) find

(D) found

10. The doctor advised his patient ------- in three months.

(A) return

(B) to return

(C) returning

(D) to returning

12. ------- the cost, the company fired more than 100 employees.

(A) To reduce

(B) On reducing

(C) Reduce

(D) Reduced

issue 문제, 쟁점	**investment** 투자	**renovate** 보수하다, 개조하다
security 보안	**expand** 확장하다	**renovation** 보수, 개조
update 업데이트하다	**avoid** 피하다	**advise** 조언하다
reservation 예약	**remark** 말, 언급	**in** ~ 후에
confirm 확인하다, 확정하다	**during** ~동안에	**department** 부서
additional 추가의	**organization** 단체, 조직	**difficulty** 어려움
sales representative 판매원	**legal** 법률의, 법적인	**cost** 비용
trip 여행	**provide** 공급하다	**fire** 해고하다
experience 경험, 경험하다	**budget** 예산	**reduce** 줄이다, 축소하다
manufacture 제조하다	**community center** 지역 문화	
process 과정	센터	

☐ allow	허락하다	☐ supply	공급하다, 공급
☐ avoid	피하다	☐ supplier	공급자
☐ quit	그만두다	☐ receive	받다
☐ refuse	거절하다, 거부하다	☐ receipt	영수증, 수령
☐ resolve	해결하다	☐ advise	조언하다
☐ share	나누다	☐ advice	조언
☐ crucial	아주 중요한, 결정적인	☐ expect	기대하다
☐ impossible	불가능한	☐ expectation	기대
☐ pass	합격하다, 통과하다	☐ suggest	제안하다
☐ fail	불합격하다, 실패하다	☐ suggestion	제안
☐ encourage	격려하다, 용기를 주다	☐ be worth -ing	~할 만한 가치가 있다
☐ discourage	의욕을 꺾다, 말리다	☐ be used to -ing	~하는 것에 익숙하다
☐ refund	환불하다, 환불	☐ look forward to -ing	~하는 것을 기대하다
☐ force	강요하다, 힘	☐ cannot help -ing	~하지 않을 수 없다

✓ 보카 체크업 주어진 우리말에 맞게 ⓐ와 ⓑ 중 적절한 표현을 고르세요.

1 그는 혼자서 배송 문제를 **해결했다.**

➡ He (ⓐ refused ⓑ resolved) the shipping problem by himself.

2 Brown 씨에게 받는 **조언**은 언제나 도움이 된다.

➡ The (ⓐ advice ⓑ advise) from Ms. Brown is always helpful.

3 요즘 그 재료의 **공급**이 불안정하다.

➡ The (ⓐ supply ⓑ supplier) of the materials is unstable these days.

4 그 프로젝트는 내 시간과 돈을 **투자할 만한 가치가 있었다.**

➡ The project was (ⓐ used to investing ⓑ worth investing) my time and money.

5 당신은 직장에서 개인적인 질문을 하는 것을 **그만두어야** 한다.

➡ You should (ⓐ quit ⓑ avoid) asking personal questions at work.

6 임금 삭감에 관한 소문은 모든 직원들의 **의욕을 잃게** 했다.

➡ The rumor about a pay cut (ⓐ encouraged ⓑ discouraged) all the employees.

분사

분사는 동사를 변형한 형태로서 문장에서 명사를 수식하는 형용사 역할을 합니다. 분사는 동사의 성질을 그대로 가지고 있기 때문에 준동사로 분류됩니다. 분사의 쓰임과 현재분사와 과거분사의 구분 및 각각의 역할에 대해 알아봅시다.

① **분사의 개념**
② **현재분사 vs. 과거분사**
③ **분사의 자리**
④ **분사구문**
⑤ **감정을 나타내는 분사형 형용사**
⑥ **주요 분사형 형용사**

토익 문법 포인트

● **현재분사와 과거분사**
현재분사는 능동의 의미를, 과거분사는 수동의 의미를 가지고 있습니다.

● **분사구문**
분사구문은 '(접속사)+분사'의 형태로서 이유, 조건, 시간 등을 표현할 때 사용됩니다.

01 ## 분사의 개념

분사는 동사를 형용사처럼 사용하기 위해서 동사의 형태를 변형한 것입니다. 분사의 종류에는 현재분사와 과거분사가 있는데, 현재분사는 '동사원형 + -ing' 형태이며 과거분사는 '동사원형 + -ed'의 형태입니다. 과거분사의 경우 불규칙한 형태를 가지는 경우가 있으므로 주의해야 합니다.

She talked to the man **inspecting** the computer. 그녀는 컴퓨터를 점검하고 있는 남자에게 이야기를 했다.

　　　　　　　　　　　[명사]　　　[현재분사]

They asked me to bring a **written** agreement. 그들은 내게 서면으로 된 동의서를 가지고 오라고 부탁했다.

　　　　　　　　　　　　　[과거분사]　　　　[명사]

02 ## 현재분사 vs. 과거분사

수식을 받는 명사와 분사의 관계를 파악하여 명사와 분사의 관계가 **능동이면 현재분사를, 수동이면 과거분사를** 사용합니다.

Ⓐ 현재분사: 명사와 분사가 능동 관계

We are worried about the **falling** interest rate. 우리는 떨어지는 이자율을 걱정하고 있다.

→ interest rate와 fall이 능동 관계: The interest rate is falling. 이자율이 떨어지고 있다.

Ⓑ 과거분사: 명사와 분사가 수동 관계

The engineer applied all of the **requested** changes. 엔지니어는 요청된 변경 사항을 모두 적용했다.

→ changes와 request가 수동 관계: The changes are requested. 변경 사항이 요청되었다.

● 토익 맛보기

Q Each team leader will distribute the ------- masks.

(A) supplied　　　　　(B) supplying　　　　　(C) supply　　　　　(D) supplies

각 팀장이 공급 받은 마스크를 배분할 것이다.

포인트 현재분사와 과거분사의 구분

빈칸에는 명사를 수식하는 분사가 와야 하는데, 분사의 수식을 받는 명사와 분사의 관계를 파악하여 현재분사와 과거분사 중에서 선택해야 합니다. masks는 공급을 하는 것이 아니라 공급을 받는 것이므로 빈칸에는 '공급 받은 마스크'라는 뜻이 되도록 supply의 과거분사인 (A)의 supplied가 와야 합니다.

I know that man **waited** there. (X)

I know that man **waiting** there. (O) → that man과 wait가 능동 관계

나는 거기에서 기다리고 있는 남자를 안다.

●정답 및 해설 p.026

A 다음 밑줄 친 분사가 수식하는 명사가 무엇인지 고르세요.

1 His secretary gave me the **remaining** tickets.
ⓐ ⓑ

2 There will be an event **planned** for the children.
ⓐ ⓑ

3 The **selected** pictures will be sent to the designer.
ⓐ ⓑ

4 The company wants the system **updated** immediately.
ⓐ ⓑ

5 The man **crossing** the street is my neighbor.
ⓐ ⓑ

6 You need **supporting** evidence for your theory.
ⓐ ⓑ

7 We visited a park **surrounded** by tall trees.
ⓐ ⓑ

8 The preparation committee will need some **helping** hands.
ⓐ ⓑ

어휘 select 선택하다　immediately 즉시　cross 건너다　support 지지하다, 뒷받침하다　evidence 증거　theory 이론　surround 둘러싸다

B 다음 우리말과 같은 뜻이 되도록 주어진 단어를 분사로 변형하여 빈칸에 써 넣으세요.

1 고장난 프린터 (break)　　➡ _____ printer

2 늘어나는 인구 (increase)　➡ _____ population

3 떨어진 물체 (fall)　　　　➡ _____ object

4 정리된 데이터 (organize)　➡ _____ data

5 청소용 제품 (clean)　　　➡ _____ supplies

6 수리된 기계 (repair)　　　➡ _____ machine

7 관리하는 감독관 (manage)➡ _____ director

8 지워진 기록 (erase)　　　➡ _____ record

어휘 population 인구　object 물체　erase 지우다　record 기록, 기록하다

03 분사의 자리

분사는 명사를 수식할 때 명사의 앞이나 뒤에 올 수 있으며, 문장의 보어로 사용되기도 합니다. 한 단어가 아닌 여러 단어로 이루어진 분사구는 명사의 뒤에 위치합니다.

Ⓐ 명사 앞

명사 앞에서 해당 명사를 수식합니다.

This advice came from an **experienced** travel agent. 이 조언은 경력 있는 여행사 직원에게서 받은 것이다.

Ⓑ 명사 뒤

명사 뒤에서 해당 명사를 수식합니다.

The woman **assisting** in the back is our new coach. 뒤에서 돕고 있는 여자가 우리의 새 코치이다.

Ⓒ 보어 자리

주격보어나 목적격보어로 사용되어 주어나 목적어를 보충 설명해 줍니다.

The instructor looked **tired** after the discussion. 강사는 토론 후에 지쳐 보였다. (주격 보어)

We could not keep the device **working**. 우리는 그 장치가 계속 작동하도록 할 수 없었다. (목적격 보어)

04 분사구문

분사구문이란 '접속사 + 주어 + 동사'로 이루어진 부사절을 분사를 이용하여 보다 간단한 형태의 구로 변형시킨 것을 말합니다. 분사구문은 주로 문장의 맨 앞이나 뒤에 와서 이유, 조건, 시간 등의 의미를 나타냅니다.

Ⓐ 분사구문 만들기

분사구문을 만드는 순서는 ① 접속사 생략, ② 동일 주어 생략, ③ 동사를 분사로 변경하는 것입니다. 아래 예문을 통해 문장을 분사구문으로 만드는 방법을 확인해 봅시다.

If they use a new method, they will find the answer easily.

① 접속사 생략: ~~If~~ they use a new method, they will find the answer easily.

② 동일 주어 생략: ~~If they~~ use a new method, they will find the answer easily.

③ 동사를 분사로 변경: **Using** a new method, they will find the answer easily.
새로운 방법을 사용하면, 그들은 쉽게 정답을 찾을 것이다.

Ⓑ 분사구문에 사용되는 분사

주절의 주어와 분사구문에 사용되는 분사의 관계가 **능동이면 현재분사, 수동이면 과거분사**를 사용합니다.

① 현재분사: We learned some new things **preparing** for the meeting. (we와 prepare가 능동 관계)
회의를 준비하면서 우리는 새로운 것을 몇 가지 배웠다.

② 과거분사: **Delivered** on time, the food was served as lunch. (food와 deliver가 수동 관계)
제 시간에 배달이 되어서, 그 음식이 점심으로 제공되었다.

A 다음 ( ) 안에 들어갈 알맞은 말을 고르세요.

1 Christina forgot the (changing / changed) plans.

2 I have met the director (appointing / appointed) yesterday.

3 He received a message (confirming / confirmed) the reservation.

4 You should fill out the (attaching / attached) form.

5 (Entering / Entered) the building, I got a call from my client.

6 The passenger seems (relaxing / relaxed) during the flight.

7 The temporarily (closing / closed) restaurant will reopen next week.

8 The mechanic got the engine (working / worked) again.

9 (Being / Been) a counselor, Ms. Adams always provides good advice.

10 We do not know the (man talking / talking man) to Ms. Wellman.

어휘 appoint 임명하다 fill out 작성하다 attach 첨부하다 relax 편안하게 하다 temporarily 임시로 loud 시끄러운

B 다음 밑줄 친 부분을 분사구문으로 고쳐 빈칸을 완성하세요.

1 <u>If we save more money</u>, we will be able to buy a new laptop.

  ➡ ...., we will be able to buy a new laptop.

2 Ms. Walters left some notes <u>when she reviewed my proposal</u>.

  ➡ Ms. Walters left some notes ....

3 <u>Because it was scheduled at 9 A.M.</u>, the appointment was not canceled.

  ➡ ...., the appointment was not canceled.

4 We tried to be very careful <u>when we moved those lamps</u>.

  ➡ We tried to be very careful ....

5 <u>Because it is located downtown</u>, the store is always busy.

  ➡ ...., the store is always busy.

6 <u>If they are analyzed properly</u>, the data will be helpful.

  ➡ ...., the data will be helpful.

7 <u>While he was walking in the park</u>, Harry found a coin on the ground.

  ➡ ...., Harry found a coin on the ground.

어휘 proposal 제안, 제안서 schedule 일정을 잡다 downtown 도심에 analyze 분석하다 properly 적절하게

감정을 나타내는 분사형 형용사

감정을 나타내는 분사형 형용사는 기본형인 동사의 의미를 정확히 알아야 현재분사와 과거분사의 의미를 혼동하지 않는데 도움이 됩니다. 감정을 나타내는 동사들은 '~하게 하다'라는 의미이므로 현재분사는 '~하게 하는', 과거분사는 '~한'이라는 뜻을 나타냅니다.

감정 동사	현재분사	과거분사
surprise 놀라게 하다	surprising 놀라게 하는, 놀라운	surprised 놀란
interest 흥미를 일으키다	interesting 흥미를 일으키는	interested 흥미를 느끼는
excite 흥분하게 하다	exciting 흥분하게 하는	excited 흥분을 느끼는
disappoint 실망하게 하다	disappointing 실망하게 하는, 실망스러운	disappointed 실망한
satisfy 만족시키다	satisfying 만족하게 하는, 만족스러운	satisfied 만족한
confuse 혼동하게 하다	confusing 혼동하게 하는, 혼란스러운	confused 혼란을 느끼는
bore 지루하게 하다	boring 지루하게 하는, 지루한	bored 지루함을 느끼는

The customer is **satisfied** with the product. 손님은 제품에 만족해 한다.

It was **surprising** news to everybody. 그것은 모든 이들에게 놀라운 소식이었다.

● 토익 맛보기

Q The report from last quarter is very -------.

(A) disappoint (B) disappointed (C) disappointing (D) disappoints

지난 분기의 보고서는 매우 실망스럽다.

포인트 올바른 분사형 형용사 선택

감정을 표현하는 분사형 형용사의 의미를 혼동하지 않도록 주의해야 합니다. 동사 disappoint는 '실망시키다'라는 의미이므로 현재분사형인 disappointing은 '실망스러운'이라는 뜻이 되고 과거분사형인 disappointed는 '실망한'이라는 뜻이 됩니다. 따라서 정답은 (C)입니다.

Danny seems **interested** in that project. Danny는 그 프로젝트에 흥미를 느끼는 것 같다.

That project seems **interesting** to Danny. 그 프로젝트는 Danny에게 흥미를 일으키는 것 같다.

주요 분사형 형용사

현재분사와 과거분사가 형용사로 굳어져 사용되는 경우가 많습니다. 이들 중 자주 사용되는 분사형 형용사를 따로 익혀 두어야 합니다.

현재분사형 형용사	과거분사형 형용사
leading group 선도적인 그룹	**damaged** item 손상된 품목
existing rule 기존의 규칙	**detailed** information 상세한 정보
lasting impact 지속적인 영향	**preferred** seat 선호되는 좌석
growing number 증가하는 숫자	**attached** file 첨부된 파일
promising field 유망한 분야	**qualified** applicant 자격을 갖춘 지원자

The virus has a **lasting** impact on health. 그 바이러스는 건강에 지속적인 영향을 미친다.

The participants will receive the **detailed** schedule soon. 참가자들은 곧 자세한 일정표를 받을 것이다.

확인학습 ③

● 정답 및 해설 p.027

A 다음 ( ) 안에 들어갈 알맞은 말을 고르세요.

1 The ending of the movie made us (surprising / surprised).

2 Those vivid colors are very (pleasing / pleased) to the eye.

3 There are so many (qualifying / qualified) candidates.

4 Russell is a (promising / promised) employee.

5 We need to check the customers' (preferring / preferred) desserts.

6 I feel (boring / bored) with the repetitive tasks.

7 The speech left a (lasting / lasted) impression.

8 There is a (growing / grown) expectation in the community.

어휘 vivid 선명한 dessert 후식, 디저트 repetitive 반복적인 impression 인상 expectation 기대감

B 밑줄 친 우리말에 맞게 괄호 안의 동사를 이용해 빈칸을 완성하세요.

1 우리는 <u>잃어버린</u> 부품을 찾을 수 없었다. (miss)
→ We could not find the _____ part.

2 당신은 <u>손상된</u> 상품을 언제든 반납할 수 있다. (damage)
→ You can return the _____ goods at any time.

3 그의 설명은 나를 <u>혼란스럽게 만들었다</u>. (confuse)
→ His explanation made me _____.

4 그녀의 은퇴에 관한 소문은 정말 <u>충격적이다</u>. (shock)
→ The rumor about her retirement is really _____.

5 그들의 요구는 <u>기존의</u> 계약에 반하는 것이다. (exist)
→ Their demand is against the _____ contract.

6 그 팀은 <u>제한된</u> 예산으로 목표를 달성했다. (limit)
→ The team achieved their goal with a _____ budget.

7 그 여름 캠프는 <u>신나는</u> 활동을 많이 갖추고 있다. (excite)
→ The summer camp has a lot of _____ activities.

어휘 part 부품, 부분 goods 상품, 제품 retirement 은퇴 demand 요구 against ~에 반하는 achieve 성취하다

1. Mr. Harris is still ------- in the offer from the sales department.

(A) interested

(B) interesting

(C) interestingly

(D) has interest

2. The ------- information will be available next Monday.

(A) update

(B) updating

(C) updated

(D) updates

3. Some people can never fall asleep in a ------- car.

(A) move

(B) moved

(C) moving

(D) movement

4. ------- to the awards ceremony, Donna needed to prepare a speech.

(A) Invitation

(B) Invite

(C) Inviting

(D) Invited

5. T&P Tech is one of the ------- companies in the industry.

(A) lead

(B) leading

(C) led

(D) to lead

6. The door ------- the two hotel rooms is locked now.

(A) connect

(B) connects

(C) connected

(D) connecting

7. As of next Monday, the store will open with ------- business hours.

(A) reduced

(B) reducing

(C) reduce

(D) reduction

8. The seminar was really -------, so a lot of attendants left early.

(A) bore

(B) boring

(C) boringly

(D) bored

9. The wallet ------- under the sofa belongs to Mr. Peterson.

(A) finds
(B) finding
(C) is found
(D) found

10. You can check the ------- account statement on the website.

(A) detail
(B) detailing
(C) detailed
(D) details

11. ------- the safety manual, all workers wear helmets inside the factory.

(A) Follow
(B) Follows
(C) Followed
(D) Following

12. The release of the singer's new album made the fans quite -------.

(A) excite
(B) excited
(C) exciting
(D) excitingly

 어휘

still 여전히
sales department 영업부
available 이용 가능한
update 갱신하다, 업데이트하다
fall asleep 잠들다
award ceremony 시상식
speech 연설
industry 산업, 산업계

lead 이끌다
lock 잠그다
connect 연결하다
as of ~ 부로
business hours 영업 시간
reduction 축소, 삭감
attendant 참석자
wallet 지갑

belong to ~에 속하다, ~의 것이다
account 계좌
statement 명세서
safety manual 안전 수칙
follow 따르다
release 발매, 출시
quite 상당히, 꽤

☐ analyze	분석하다	☐ detailed	상세한
☐ analysis	분석	☐ qualified	자격을 갖춘
☐ analyst	분석가	☐ unqualified	자격이 없는
☐ goods	상품, 제품	☐ disqualified	자격을 잃은, 실격된
☐ immediately	즉시	☐ relaxing	편안하게 하는
☐ properly	적절하게	☐ relaxed	편안한
☐ connect	연결하다	☐ confusing	혼동하게 하는
☐ locate	위치를 두다, 위치를 찾다	☐ confused	혼란을 느끼는
☐ surround	둘러싸다	☐ satisfactory	만족스러운, 충분한
☐ experience	경험하다, 경험	☐ satisfying	만족스러운, 만족감을 주는
☐ experienced	경력 있는, 경험이 풍부한	☐ be satisfied with	~에 만족하다
☐ leading	선두적인	☐ be interested in	~에 흥미가 있다
☐ missing	분실된	☐ belong to	~에 속하다, ~의 것이다
☐ damaged	손상된	☐ fall asleep	잠들다

보카 체크업 주어진 우리말 뜻이 되도록 빈칸을 완성하세요.

1 바다 소리는 정말 **마음을 편하게 해 준다.**

➡ The sound of the ocean is really ＿＿＿＿＿＿＿＿＿.

2 모든 사람들은 **즉시** 건물을 비워야 한다.

➡ Everyone has to evacuate the building ＿＿＿＿＿＿＿＿＿.

3 Reynolds 씨는 그의 새로운 직장에 **만족해 한다.**

➡ Mr. Reynolds is ＿＿＿＿＿＿＿＿＿ with his new job.

4 **실종된** 아이를 찾기 위해 경찰은 모든 곳을 수색했다.

➡ The police searched everywhere to find the ＿＿＿＿＿＿＿＿＿ child.

5 현 상황에 대한 그녀의 **분석**은 상당히 신뢰할 만하다.

➡ Her ＿＿＿＿＿＿＿＿＿ on the current situation is quite reliable.

6 그 운동선수는 경주에서 우승한 후에 **실격되었다.**

➡ The athlete has been ＿＿＿＿＿＿＿＿＿ after winning the race.

전치사

전치사는 명사와 대명사 앞에 위치하여 시간, 장소, 방향, 이유 등 다양한 내용을 설명해 주는 역할을 합니다. 하나의 전치사가 여러 가지 의미로 사용되기도 하기 때문에 각 전치사의 의미를 정확하게 익혀서 상황에 맞는 전치사를 사용할 수 있어야 합니다.

토익 문법 포인트

● **전치사의 개념**
전치사는 **명사, 대명사, 동명사** 앞에 사용되며, '전치사 + 명사'로 이루어진 전치사구는 형용사, 부사와 같은 역할을 합니다.

● **전치사의 종류**
전치사는 시간을 나타내는 **시간 전치사**, 위치를 설명하는 **장소 전치사**, 방향을 나타내는 **방향 전치사** 등이 있습니다. 두 단어 이상으로 이루어진 **구 전치사**가 사용되기도 합니다.

01 전치사의 개념

전치사는 시간, 장소, 방향, 이유, 목적 등 다양한 의미를 나타낼 때 사용됩니다. 하나의 전치사가 여러 가지 의미로 사용될 수 있기 때문에 각각의 의미를 알아 두어야 합니다. 전치사 다음에는 전치사의 목적어로 명사, 대명사, 동명사가 올 수 있습니다.

Ⓐ 전치사 + 명사

전치사 다음에는 명사가 올 수 있습니다. 전치사와 명사 사이에 관사, 부사, 형용사가 위치하여 전치사구 형태가 되기도 합니다.

The actors are preparing **for** the performance. 배우들은 공연을 준비하고 있다.

The team members shared their ideas **about** the new project.
팀원들은 새로운 프로젝트 대해 자신의 생각을 나누었다.

Ⓑ 전치사 + 대명사

전치사 뒤에 대명사가 올 경우 이는 전치사의 목적어이기 때문에 목적격 대명사가 와야 합니다.

The sales agent showed another one **to** me. 판매원은 나에게 다른 것을 보여 주었다.

We had to work **with** him last week. 우리는 지난주에 그와 함께 일해야만 했다.

Ⓒ 전치사 + 동명사

동명사도 명사의 기능을 하기 때문에 전치사 뒤에 올 수 있습니다. 전치사 다음에는 동사가 올 수 없다는 사실에 주의해야 합니다.

I cannot go to sleep **without** eating something. 나는 무엇인가를 먹지 않으면 잠을 잘 수가 없다.

Ms. Hill explained the advantages **of** joining her team. Hill 씨는 자기 팀에 들어오는 것의 이점을 설명했다.

02 전치사구

전치사구는 '전치사 + 명사'의 형태로서 문장 속에서 형용사, 부사와 같은 역할을 합니다.

Ⓐ 형용사 역할을 하는 전치사구

전치사구는 명사를 수식하거나 보어로 사용되어 형용사의 역할을 할 수 있습니다.

Let me introduce my friend **from France**. (명사 friend를 수식)
내가 프랑스에서 온 내 친구를 소개해 주겠다.

All the important documents are **in the safe**. (주어 documents의 보어 역할)
모든 중요한 서류들은 금고 안에 있다.

Ⓑ 부사 역할을 하는 전치사구

전치사구는 동사, 형용사, 또는 문장 전체를 수식하는 부사의 역할을 할 수 있습니다.

The taxi stopped **in front of the main gate**. (동사 stopped를 수식)
택시는 정문 앞에서 멈췄다.

Despite the bad weather, they went out for a walk. (문장 전체를 수식)
좋지 않은 날씨에도 불구하고, 그들은 산책을 하러 나갔다.

● 정답 및 해설 p.030

A 다음 문장에서 전치사를 찾아 밑줄로 표시하세요.

1 The staff members bought a special gift for the retiree.

2 This book was written by Shakespeare.

3 We need to get out of the building now.

4 I am thinking about quitting my job.

5 There is nothing under the desk.

6 Ron had a dream of becoming a singer.

7 He went to the restroom before the movie.

8 The employees are having lunch in the cafeteria.

> **어휘** staff member 직원 retiree 퇴직자, 은퇴자 quit 그만두다 restroom 화장실 cafeteria 카페테리아, 구내식당

B 다음 밑줄 친 우리말에 맞게 괄호 안의 단어들을 배열하여 문장을 완성하세요.

1 건물 안에서의 흡연은 <u>법에 어긋나는</u> 것이다. (law, against, the)

➡ Smoking in the building is _____.

2 나의 상사는 <u>야망을 가진 사람</u>을 찾고 있다. (with, a, ambition, man)

➡ My boss is looking for _____.

3 <u>매니저에 따르면</u>, 새로운 일정이 곧 발표될 것이다. (the, to, manager, according)

➡ _____, a new schedule will be announced soon.

4 나는 <u>이 웹사이트에 있는 글들이</u> 믿을 만하다고 생각한다. (articles, website, the, on, this)

➡ I think that _____ are reliable.

5 당신은 <u>5일 이내에</u> 회비를 내야만 한다. (five, within, days)

➡ You should pay the membership fee _____.

6 우리는 <u>서로 돕는 것으로부터</u> 많은 것을 배웠다. (from, other, helping, each)

➡ We learned a lot _____.

7 새로운 영업 시간은 <u>내일 부로</u> 오전 6시부터 오후 9시까지가 될 것이다. (tomorrow, of, as)

➡ The new store hours will be from 6 A.M. to 9 P.M. _____.

> **어휘** against ~에 어긋나는 ambition 야망 announce 발표하다, 공지하다 article 글, 기사 reliable 믿을 만한 within ~이내에

03 시간 전치사

시간을 나타내는 전치사들은 우리말로는 똑같이 해석되지만, 영어에서는 구분하여 사용되는 경우가 많습니다.

의미	전치사	쓰임	예
시점	at ~에	시각, 시점	**at** noon 정오에
	on ~에	요일, 날짜	**on** Sunday 일요일에
	in ~에	계절, 연, 월	**in** January 1월에
기간	for ~동안	구체적인 시간	**for** ten years 10년 동안
	during ~동안	행사, 기간	**during** the party 파티 동안
기한	until ~까지	계속되는 일	continue **until** tomorrow 내일까지 계속되다
	by ~까지	완료되는 일	finish **by** tomorrow 내일까지 끝내다

The restaurant is open **until** 11 o'clock. 그 레스토랑은 11시까지 문을 연다.

Mr. Evans will finish the task **by** Friday. Evans 씨는 금요일까지 그 업무를 끝마칠 것이다.

● 토익 맛보기

Q The number of travelers increases ------- the holiday season.

(A) for　　　　　(B) during　　　　　(C) on　　　　　(D) to

휴가 시즌에는 여행자들의 수가 증가한다.

> **뽀인트 for과 during의 구분**
>
> 전치사 중에서 우리말로 똑같이 해석되지만 영어에서는 구분해서 사용해야 하는 경우가 있습니다. for와 during은 둘 다 '~ 동안에'라고 해석되지만, for 다음에는 주로 숫자가 포함된 구체적인 시간이 오고 during 다음에는 숫자가 아닌 특정 기간을 나타내는 단어가 쓰입니다. the holiday season이라는 기간을 의미하는 표현 앞에는 (B)의 during이 와야 합니다.

He read the book **for** 30 minutes. 그는 30분 동안 책을 읽었다. (for + 구체적 시간)

He read the book **during** his vacation. 그는 방학 동안 책을 읽었다. (during + 특정 기간)

04 장소 전치사

장소를 나타내는 전치사들 역시 우리말로는 동일하게 해석되어도 영어에서는 구분해서 사용해야 하는 것들이 있습니다. 또한 시간과 장소 앞에 모두 사용될 수 있는 전치사들도 있으므로 이들의 정확한 사용법을 알아 두어야 합니다.

의미	전치사	쓰임	예
장소	at ~에	지점	**at** the bus stop 버스 정거장에서
	on ~에, ~ 위에	위, 표면	**on** the table 탁자 위에
	in ~에, ~ 안에	내부, 넓은 장소	**in** the United States 미국에서
	between ~ 중에, ~ 사이에	둘 일 때	**between** the two things 두 가지 중에서
	among ~ 중에	셋 이상일 때	**among** the candidates 후보자들 중에서
	next to ~ 옆에	= beside / by	**next to** the computer 컴퓨터 옆에
	near ~ 가까이에	= close to	**near** my house 우리 집 근처에

The security guard is standing **at** the entrance. 그 경비원은 입구에 서 있다.

There is a nice coffee shop **on** Main Street. Main 가에 괜찮은 커피숍이 있다.

확인학습 ②

● 정답 및 해설 p.030

A 다음 (   ) 안에 들어갈 알맞은 말을 고르세요.

1 Jimmy keeps his umbrella (next / by) the door.

2 There are not many people (in / on) the supermarket.

3 Happiness Mall offers free delivery (for / during) two weeks.

4 The doorbell rang (on / at) midnight.

5 You should submit your application (by / until) the deadline.

6 It will be nice to have a picture (at / on) the wall.

7 I could not decide (between / among) the two choices.

8 Please wait here (by / until) further notice.

9 We stayed at the hotel (close / near) to the convention center.

10 My coworker looked nervous (for / during) the meeting.

어휘 delivery 배송, 배달 doorbell 초인종 choice 선택 further notice 추후 통보 nervous 긴장한, 불안해하는

B 다음 밑줄 친 부분이 맞으면 T, 틀리면 F에 표시하세요.

1 There is an information desk <u>on the first floor</u>. □ T   □ F

2 Jessica graduated from college <u>at 2010</u>. □ T   □ F

3 The woman standing <u>next to Mr. Jenkins</u> is his wife. □ T   □ F

4 There will be huge fireworks <u>in July 4th</u>. □ T   □ F

5 You can purchase the ticket <u>at the ticket office</u>. □ T   □ F

6 The game is popular <u>among young people</u>. □ T   □ F

7 My partner is sitting <u>beside to Mr. Miller</u>. □ T   □ F

8 The customer's order will arrive <u>until next Tuesday</u>. □ T   □ F

9 He cannot be quiet even <u>during one minute</u>. □ T   □ F

10 I saw an ambulance parked <u>near the bank</u>. □ T   □ F

어휘 huge 거대한 fireworks 불꽃놀이 ticket office 매표소 order 주문 quiet 조용한 ambulance 앰뷸런스

05 방향 전치사

방향을 나타내는 전치사들은 각각의 의미를 정확히 알아 두어야 합니다. 특히, 장소와 방향 앞에 공통적으로 사용될 수 있는 전치사들의 의미를 명확히 구분할 수 있어야 합니다.

전치사	의미	예
from	~에서	**from** London 런던에서
to	~까지	**to** the end 마지막까지
toward	~을 향해	**toward** the sun 태양을 향해서
into	~ 안으로	**into** the mailbox 우편함 안으로
out of	~ 밖으로	**out of** the window 창문 밖으로
through	~을 통과하여	**through** the tunnel 터널을 통과하여
along	~을 따라서	**along** the road 길을 따라서
across	~ 건너편으로	**across** the ocean 바다 건너편으로

Lisa went **out of** the room to answer the phone. Lisa는 전화를 받기 위해 방 밖으로 나갔다.

I like to run **along** the river in the morning. 나는 아침에 강을 따라 달리는 것을 좋아한다.

06 기타 전치사

Ⓐ 기타 주요 전치사

시간/장소/방향 이외에 다양한 의미를 지닌 전치사들을 정리해 두어야 합니다.

전치사	의미	예
about	~에 대해	**about** the plan 그 계획에 대해
for	~을 위해, ~을 향해	**for** your safety 너의 안전을 위해
with	~와 함께, ~으로	**with** a key 열쇠로
without	~ 없이	**without** water 물 없이
by	~함으로써, ~으로, ~ 옆에	**by** subway 지하철로
despite	~에도 불구하고	**despite** the fact 그 사실에도 불구하고
except (for)	~을 제외하고	**except (for)** me 나를 제외하고

Ⓑ 구 전치사

두 단어 이상으로 이루어진 전치사를 구 전치사라고 하는데, 각각의 뜻을 익혀 두도록 합니다.

전치사	의미	예
because of	~ 때문에	**because of** the accident 그 사고 때문에
thanks to	~ 덕분에	**thanks to** your support 당신의 지지 덕분에
according to	~에 따르면	**according to** the report 그 보고서에 따르면
in addition to	~에 더하여	**in addition to** the discount 할인에 더하여
in spite of	~에도 불구하고	**in spite of** the problem 그 문제에도 불구하고
instead of	~ 대신에	**instead of** cash 현금 대신에
regardless of	~에 상관없이	**regardless of** cost 비용에 상관없이

● 정답 및 해설 p.031

A 다음 표현을 우리말로 알맞게 해석하세요.

1 through the hole ➡ _____

2 toward the top ➡ _____

3 thanks to your advice ➡ _____

4 without their help ➡ _____

5 regardless of the price ➡ _____

6 despite the danger ➡ _____

7 out of the office ➡ _____

8 along the beach ➡ _____

어휘 hole 구멍 danger 위험 beach 해변

B 다음 우리말과 같은 뜻이 되도록 빈칸에 들어갈 가장 알맞은 말을 보기에서 찾아 써 넣으세요.

> **보기**   except for   because of   in spite of   in addition to
>   instead of   according to

1 당신는 이것을 제외하고 어느 것이든 고를 수 있다.
  ➡ You can pick anything _____ this one.

2 어떤 채식주의자들은 고기 대신에 두부를 먹는다.
  ➡ Some vegetarians eat tofu _____ meat.

3 이 양식에 더하여, 우리는 우리의 사진을 첨부해야 한다.
  ➡ _____ this form, we have to attach our photos.

4 공장은 비상 상황 때문에 임시로 문을 닫을 것이다.
  ➡ The factory will temporarily be closed _____ the emergency.

5 작가로서의 성공에도 불구하고 George는 행복하지 않았다.
  ➡ _____ his success as a writer, George was not happy.

6 뉴스에 따르면, 그 행사는 취소되었다.
  ➡ _____ the news, the event has been canceled.

어휘 vegetarian 채식주의자 tofu 두부 meat 고기 attach 첨부하다 temporarily 임시로 emergency 비상 상태
cancel 취소하다

1. English and French are two official languages ------- Canada.

   (A) about
   (B) at
   (C) on
   (D) in

2. There is a post office ------- the bank and the grocery store.

   (A) among
   (B) between
   (C) for
   (D) out of

3. Every attendant should pick up his or her name tag ------- the information desk.

   (A) for
   (B) in
   (C) at
   (D) of

4. The customer has a few questions ------- our return policy.

   (A) with
   (B) about
   (C) to
   (D) by

5. The volunteer group will use the funds ------- the children's hospital.

   (A) for
   (B) during
   (C) between
   (D) along

6. The baseball game has not been postponed ------- of the heavy rain.

   (A) instead
   (B) despite
   (C) in addition
   (D) in spite

7. Julia completed all the training courses ------- for one safety class.

   (A) except
   (B) without
   (C) near
   (D) about

8. The discussion on the upcoming election continued ------- three hours.

   (A) for
   (B) during
   (C) in
   (D) from

9. The Human Resources office is ------- to the elevator on the second floor.

    (A) near

    (B) according

    (C) next

    (D) out

11. The bus drives ------- the downtown and its surrounding areas.

    (A) despite

    (B) through

    (C) at

    (D) among

10. The community center will be closed tonight ------- regular maintenance.

    (A) thanks to

    (B) because of

    (C) instead of

    (D) according to

12. They will receive a bonus if they achieve the goal ------- December 31st.

    (A) under

    (B) until

    (C) to

    (D) by

 어휘

French 프랑스어	volunteer 자원봉사자	human resources 인사부, 인적 자원
official 공식적인	fund 기금, 자금	
post office 우체국	postpone 연기하다	regular 정기적인
grocery store 식료품점	complete 완료하다, 완성하다	maintenance 보수 관리, 유지
pick up 받다, 집어 들다	course 과정, 강좌	downtown 도심, 도심의
name tag 이름표	safety 안전	surrounding 주변의, 주위의
return 반납, 환불	upcoming 다가오는	achieve 달성하다, 성취하다
policy 정책	election 선거	goal 목표

☐ advantage	이점, 유리한 점	☐ against	~에 반하는
☐ disadvantage	약점, 불리한 점	☐ toward	~을 향해
☐ reliable	믿을 수 있는, 믿을 만한	☐ within	~ 이내에
☐ unreliable	믿을 수 없는	☐ next to	~옆에
☐ performance	실적, 공연	☐ close to	~ 가까이에
☐ perform	실행하다, 공연하다	☐ because of	~ 때문에
☐ safety	안전	☐ due to	~ 때문에
☐ safe	안전한, 금고	☐ thanks to	~ 덕분에
☐ deadline	마감	☐ in spite of	~에도 불구하고
☐ policy	정책	☐ despite	~에도 불구하고
☐ nervous	긴장한, 불안해하는	☐ instead of	~ 대신에
☐ surrounding	주변의, 주위의	☐ in front of	~ 앞에
☐ upcoming	다가오는	☐ until further notice	다음 공지가 있을 때까지
☐ official	공식적인	☐ human resources	인사부

✔ 보카 체크업 주어진 우리말에 맞게 ⓐ와 ⓑ 중 적절한 표현을 고르세요.

1 공항 **가까이에** 단기 주차장이 있다.

➡ There is a short-term parking lot (ⓐ next to ⓑ close to) the airport.

2 나는 **다가오는** 인터뷰를 위해 나의 이력서를 고쳐 썼다.

➡ I updated my résumé for the (ⓐ upcoming ⓑ official) interview.

3 그 회사가 수집한 설문조사 결과는 **믿을 만하지 않다**.

➡ The survey results collected by the company are (ⓐ reliable ⓑ unreliable).

4 자동차 생산은 파업 **때문에** 중단되었다.

➡ The production of automobiles has stopped (ⓐ due to ⓑ despite) the strike.

5 환불금은 2주 **이내에** 지급될 것이다.

➡ The refund will be issued (ⓐ in ⓑ within) two weeks.

6 그들은 버스를 타는 **대신에** 걷기로 결정했다.

➡ They decided to walk (ⓐ in spite of ⓑ instead of) taking the bus.

접속사

접속사는 단어와 단어, 구와 구, 또는 절과 절을 연결해 주는 역할을 합니다. 여러 가지 다양한 접속사의 종류와 각 접속사의 사용법을 이해한 다음, 명사절과 부사절에 대해 학습해봅시다.

01 **등위접속사**
02 **상관접속사**
03 **명사절 접속사**
04 **부사절 접속사**
05 **접속사 vs. 전치사**

토익 문법 포인트

● **접속사의 개념**
접속사는 **단어와 단어, 구와 구, 절과 절을 연결**해 주는 역할을 합니다. 크게, 대등한 대상을 연결해 주는 **등위접속사**와 주절과 종속절을 연결해 주는 **종속접속사**로 구분할 수 있습니다.

● **접속사와 전치사의 구분**
비슷한 의미를 지닌 부사절 접속사와 전치사를 구분할 수 있어야 합니다. **부사절 접속사 뒤에는 주어와 동사**가 오고 **전치사 뒤에는 명사**가 사용됩니다.

등위접속사

접속사는 단어와 단어, 구와 구, 절과 절을 연결해 주는 역할을 하는데, 서로 대등한 관계에 있는 것들을 연결해 주는 것을 등위접속사라고 합니다. 등위접속사의 앞과 뒤에는 형태와 종류가 같은 것들이 와야 합니다.

| and 그리고 | but 그러나 | or 또는 | so 그래서 | yet 그러나 |

① 단어와 단어: I will bring some <u>flowers</u> **or** <u>drinks</u> for the party. (명사 – 명사)
나는 파티에 꽃이나 음료수를 가져올 것이다.

② 구와 구: Amy finished <u>cleaning her desk</u> **and** <u>organizing the files</u>. (동명사구 – 동명사구)
→ Amy는 책상 청소와 파일 정리를 끝냈다.

③ 절과 절: <u>The manager did not like the report</u>, **so** <u>we had to revise it</u>. (명사절 – 명사절)
매니저가 그 보고서를 만족스러워하지 않아서, 우리는 다시 써야했다.
→ so는 절과 절만 연결할 수 있음

상관접속사

상관접속사는 등위접속사의 한 종류로, 같은 형태의 단어, 구, 절을 연결해 준다는 점에서는 등위접속사와 동일하지만, 항상 둘 이상의 단어가 짝을 이루어 사용된다는 점에서 차이가 있습니다. 상관 접속사들은 반드시 숙어처럼 암기해 두어야 합니다.

both A and B A와 B 둘 다	not A but B A가 아니라 B
either A or B A 나 B 둘 중 하나	neither A nor B A와 B 둘 다 아닌
not only A but also B A 뿐만 아니라 B도	

Bryan will **either** <u>watch TV</u> **or** <u>play card games</u>. (동사구 – 동사구)
Bryan은 TV를 보거나 아니면 카드 게임을 할 것이다.

The director's concern is **not** <u>the growth rate</u> **but** <u>the customer satisfaction</u>. (명사구 – 명사구)
그 관리자의 관심사는 성장률이 아닌 고객만족이다.

● 토익 맛보기

Q The seminar was not only helpful ------- also interesting.

(A) and (B) but (C) or (D) so

그 세미나는 도움이 되었을 뿐만 아니라 흥미로웠다.

변인크 상관접속사

빈칸 앞이나 뒤에 상관접속사의 일부가 쓰였는지를 파악하여 알맞은 짝이 되는 표현을 찾아야 하는 문제입니다. not only A but also B는 'A 뿐만 아니라 B도'라는 뜻의 상관접속사로서 반드시 암기해 두어야 합니다. 정답은 (B) 입니다.

This sofa is **neither** comfortable or pretty. (X)

This sofa is **neither** comfortable **nor** pretty. (O) (neither A nor B)

이 소파는 안락하지도 않고 예쁘지도 않다.

● 정답 및 해설 p.033

A 다음 ( ) 안에 들어갈 알맞은 말을 고르세요.

1 The exhibition begins not this Friday (and / but) next Friday.

2 They will probably meet in the meeting room (or / so) in the lobby.

3 His favorite travel destinations are Hawaii (and / but) Paris.

4 We need signatures from (both / either) Ms. Evans and her lawyer.

5 Mr. Wood reviews documents slowly but (thorough / thoroughly).

6 I felt a little cold, (so / but) I closed all the windows.

7 This new model is (not / not only) well-made but also affordable.

8 Paul enjoys swimming and (to run / running) in his free time.

9 The contract has ended, (yet / so) they keep sending me bills.

10 The car key was neither in the car (or / nor) in her bag.

어휘 exhibition 전시회 travel destination 여행지 signature 서명 thorough 철저한 well-made 잘 만들어진
affordable (가격이) 알맞은 bill 청구서

B 다음 상황을 설명하는 것으로 알맞은 것을 고르세요.

1 Kelly는 영어를 할 수 있고, 프랑스어도 할 수 있다.

ⓐ Kelly can speak both English and French.
ⓑ Kelly can speak either English or French.

2 이 레스토랑은 샐러드가 인기 있고 디저트는 인기가 없다.

ⓐ Not only the dessert but also the salad is popular in this restaurant.
ⓑ Not the dessert but the salad is popular in this restaurant.

3 나는 Hunter 씨에게서 펜이나 연필 둘 중 하나를 빌릴 수 있다.

ⓐ I can borrow both a pen and a pencil from Ms. Hunter.
ⓑ I can borrow either a pen or a pencil from Ms. Hunter.

4 매니저는 나의 제안서와 Tony의 계획을 모두 승인하지 않았다.

ⓐ The manager approved neither my proposal nor Tony's plan.
ⓑ The manager approved both my proposal and Tony's plan.

어휘 dessert 디저트, 후식 borrow 빌리다 approve 승인하다 proposal 제안, 제안서

명사절 접속사

등위접속사와 달리 명사절 접속사는 주절과 종속절을 연결해 주는 역할을 합니다. 명사절은 '명사절 접속사 + 주어 + 동사'의 형태로 주절의 일부가 되어 문장 속에서 주어, 목적어, 보어 역할을 합니다. 이와 같은 명사절을 이끄는 접속사로 that, if, whether, 의문사가 있습니다.

Ⓐ that

'that + 주어 + 동사' 형태의 명사절은 '~이라는 것'이라는 의미입니다.

I understand **that** everyone is busy today. (understand의 목적어)
나는 모두가 오늘 바쁘다는 것을 이해한다.

It is clear **that** Ms. Lewis will be the winner. (가주어 it의 진주어)
Lewis 씨가 우승자가 되리라는 것은 분명하다.

Ⓑ if/whether

if/whether + 주어 + 동사' 형태의 명사절은 '~인지/~인지 아닌지'라는 의미입니다.

We wonder **if** they will accept our offer. (wonder의 목적어)
우리는 그들이 우리 제안을 받아들일지 궁금하다.

The important thing is **whether** he finished the report. (주격 보어)
중요한 것은 그가 보고서를 끝냈는지 아닌지이다.

Ⓒ 의문사

'의문사 + 주어 + 동사' 형태의 명사절은 의문사에 따라 의미가 달라집니다. 이때의 어순은 일반적인 의문사 의문문의 어순과 다르다는 점에 주의해야 합니다.

의문사	의미		예
what	무엇을 ~하는지		**what** he likes. 그가 무엇을 좋아하는지
who	누가 ~하는지		**who** went there. 누가 거기에 갔는지
where	어디에서 ~하는지	I know	**where** she lives. 그녀가 어디에서 살고 있는지
when	언제 ~하는지	나는 안다	**when** it happened. 그것이 언제 일어났는지
why	왜 ~하는지		**why** they are angry. 왜 그들이 화나 있는지
how	어떻게 ~하는지		**how** you made it. 어떻게 당신이 그것을 만들었는지

<u>Who will be the next president</u> is the biggest news now. (주어)
누가 다음 대통령이 될 것인지가 현재 가장 큰 뉴스이다.

The interviewer asked me <u>**why** I applied for this job.</u> (목적어)
인터뷰 담당자는 내가 왜 이 일에 지원했는지 물었다.

● 정답 및 해설 p.033

A 다음 우리말에 맞게 괄호 안의 단어들을 배열하여 문장을 완성하세요.

1 우리는 누가 그 기계를 고장 냈는지 알아내야 한다. (the, machine, who, broke)
➡ We need to find out ＿＿＿＿＿＿＿＿＿＿＿＿＿＿.

2 문제는 Johnny가 어디에서 그것을 잃어버렸는가이다. (Johnny, where, it, lost)
➡ The problem is ＿＿＿＿＿＿＿＿＿＿＿＿＿.

3 나는 내가 실수를 했다는 것을 깨달았다. (I, a, made, mistake, that)
➡ I realized ＿＿＿＿＿＿＿＿＿＿＿＿.

4 내 상사는 Edgar가 왜 그녀의 지시를 따르지 않았는지 안다. (follow, Edgar, why, did not)
➡ My supervisor knows ＿＿＿＿＿＿＿＿＿＿ her instructions.

5 그의 비서가 당신에게 내일 언제 와야 하는지 말해 줄 것이다. (come, should, when, you)
➡ His secretary will tell you ＿＿＿＿＿＿＿＿＿ tomorrow.

6 그녀가 거기에 있었는지 아닌지가 큰 이슈가 되었다. (whether, was, there, she)
➡ ＿＿＿＿＿＿＿＿＿＿＿ became a big issue.

7 모든 사람이 다음에 무슨 일이 일어날지에 대해 이야기하고 있다. (will, happen, next, what)
➡ Everyone is talking about ＿＿＿＿＿＿＿＿＿＿.

8 나는 그가 새로운 투자자를 끌어 모을 수 있을지 궁금하다. (can, if, attract, he)
➡ I am curious ＿＿＿＿＿＿＿＿＿＿ new investors.

어휘 realize 깨닫다 instruction 지시, 설명 attract 끌다, 끌어 모으다 curious 궁금한 investor 투자자

B 밑줄 친 부분에 유의하여 다음 명사절의 해석을 완성하세요.

1 They do not know <u>where he bought it</u>. ➡ 그들은 ＿＿＿＿＿＿＿ 모른다.

2 I asked <u>if I could cancel the appointment</u>. ➡ 나는 ＿＿＿＿＿＿＿ 물었다.

3 You need to check <u>when the bus leaves</u>. ➡ 너는 ＿＿＿＿＿＿＿ 확인해야 한다.

4 He wonders <u>how Amy opened the lock</u>. ➡ 그는 ＿＿＿＿＿＿＿ 궁금해 한다.

5 <u>What she learned today</u> is priceless. ➡ ＿＿＿＿＿＿＿ 값을 매길 수 없다.

6 We want to know <u>why he hates this project</u>. ➡ 우리는 ＿＿＿＿＿＿＿ 알고 싶다.

7 It is surprising <u>that Sam didn't come today</u>. ➡ ＿＿＿＿＿＿＿ 놀랍다.

8 We should see <u>who will apply for the job</u>. ➡ 우리는 ＿＿＿＿＿＿＿ 알아야 한다.

어휘 lock 자물쇠 priceless 값을 매길 수 없는, 귀중한 hate 싫어하다, 미워하다 apply for 지원하다, 신청하다

부사절 접속사

부사절 접속사 또한 주절과 종속절을 연결해 주는 역할을 합니다. 부사절은 '부사절 접속사 + 주어 + 동사'의 형태로 이유, 시간, 조건, 양보의 의미를 나타냅니다. 부사절을 이끄는 접속사로는 because, when, if, although 등이 있습니다.

이유	because ~ 때문에	since ~ 때문에	as ~ 때문에
시간	when ~할 때	while ~하는 동안	before ~ 전에
	after ~ 후에	since ~ 이래로	
조건	if 만약 ~이라면	unless 만약 ~이 아니라면	as long as ~하는 한
양보	although 비록 ~이지만	even though 비록 ~이지만	even if 비록 ~할지라도

He was waiting at the station **when** the train arrived. 기차가 도착했을 때, 그가 역에서 기다리고 있었다.

If you do not have an umbrella, I can lend you mine. 당신에게 우산이 없으면 나의 것을 빌려줄 수 있다.

05 접속사 vs. 전치사

접속사 뒤에는 '주어 + 동사' 형태의 절이 오며, 전치사 뒤에는 명사(구)가 와야 합니다.

Ⓐ 접속사와 전치사로 모두 사용될 수 있는 경우

다음 단어들은 접속사와 전치사로 모두 사용될 수 있습니다. 주로 같은 뜻으로 사용되지만 as의 경우 접속사일 때와 전치사일 때의 의미가 다르므로 주의해야 합니다.

before ~ 전에	after ~ 후에	since ~ 이래로	until ~까지

as ~ 때문에, ~할 때 (접속사) / ~으로서, ~으로 (전치사)

As he walked into the office, we smiled at him. 그가 사무실로 걸어 들어왔을 때, 우리는 그를 향해 미소를 지었다.

Helen made a lot of money **as a financial advisor**. Helen은 재정 고문으로서 많은 돈을 벌었다.

Ⓑ 접속사와 전치사를 구분해서 사용해야 하는 경우

의미는 비슷하지만 접속사와 전치사로 구분해서 사용해야 하는 경우 특히 주의해야 합니다.

의미	접속사	전치사
~ 때문에	because, since	because of, due to
~에도 불구하고	although, even though	in spite of, despite
~ 동안	while	for, during

Although the quality was good, she did not buy it. 비록 품질은 좋았지만, 그녀는 그것을 사지 않았다.

In spite of the good quality, she did not buy it. 좋은 품질에도 불구하고, 그녀는 그것을 사지 않았다.

● 토익 맛보기

Q The computer needs to be upgraded ------- it is too slow.

  (A) although   (B) despite   (C) because   (D) because of

너무 느리기 때문에 컴퓨터는 업그레이드될 필요가 있다.

확인학습 ❸

• 정답 및 해설 p.033

A 다음 ( ) 안에 들어갈 알맞은 말을 고르세요.

1 (Although / Because) we failed, we did not get disappointed.

2 I was standing in the back (while / during) the announcement.

3 You can assemble this chair easily (if / unless) you read the manual.

4 (In spite of / Even though) the hot weather, she is wearing a sweater.

5 Jonathan has not said anything (until / since) he solved the problem.

6 The owner sold his store (while / when) we made a good offer.

7 (Because / Because of) the system was down, we could not finish the work.

8 The result does not matter (unless / as long as) you did your best.

어휘 fail 실패하다 announcement 안내 방송, 공지 assemble 조립하다 owner 주인 matter 중요하다, 문제가 되다

B 다음 밑줄 친 부분이 맞으면 T, 틀리면 F에 표시하세요.

1 The accident occurred <u>during he was exercising</u>. ☐ T ☐ F

2 <u>After the light went off</u>, the movie started. ☐ T ☐ F

3 The national park is closed <u>due to the recent fire</u>. ☐ T ☐ F

4 <u>Although the bad weather</u>, the flight departed on time. ☐ T ☐ F

5 The candidate decided to give up <u>even if our help</u>. ☐ T ☐ F

6 Randy is well known <u>as a computer expert</u>. ☐ T ☐ F

7 My friend took the subway <u>because of it was faster</u>. ☐ T ☐ F

8 <u>Despite our objections</u>, the company launched a new campaign. ☐ T ☐ F

어휘 recent 최근의 depart 출발하다, 떠나다 on time 정각에 give up 포기하다 expert 전문가 objection 반대

1. We can go out to the restaurant ------- eat some pizza at home.

   (A) but

   (B) so

   (C) or

   (D) as

2. The phone rang ------- I was inspecting the equipment.

   (A) since

   (B) for

   (C) during

   (D) while

3. They cannot go home ------- they are completely ready for the presentation.

   (A) because of

   (B) whether

   (C) despite

   (D) until

4. The reporter asked Ms. Wilson ------- she was interested in social issues.

   (A) if

   (B) that

   (C) as long as

   (D) due to

5. ------- Richard or Susan will make the final speech at the conference.

   (A) Both

   (B) Either

   (C) Neither

   (D) Not

6. This new device is useful ------- expensive to many people.

   (A) yet

   (B) and

   (C) so

   (D) or

7. To develop a better product, we need to find out ------- our customers want.

   (A) that

   (B) what

   (C) when

   (D) why

8. You will lose the opportunity ------- you apply for the position immediately.

   (A) that

   (B) if

   (C) unless

   (D) after

9. Mr. Baker not only chose the topic ------- also wrote the draft.

(A) and

(B) or

(C) but

(D) so

10. ------- the research supported my argument, my boss changed his mind.

(A) Since

(B) Due to

(C) Although

(D) Despite

11. Jeffery Harrison got the promotion ------- his hard work

(A) because

(B) because of

(C) even though

(D) in spite of

12. Neither the manager ------- the assistant manager is available at the moment.

(A) and

(B) but

(C) or

(D) nor

go out 나가다	**conference** 컨퍼런스, 학회	**draft** 초안
inspect 점검하다	**device** 장치, 기구	**support** 지지하다, 뒷받침하다
equipment 장비	**useful** 유용한, 쓸모 있는	**argument** 주장, 논쟁
completely 완전히	**develop** 개발하다	**promotion** 승진
ready 준비된	**find out** 알아내다, 발견하다	**available** 시간이 있는, 이용 가능한
reporter 기자	**opportunity** 기회	**at the moment** 지금
social issue 사회 문제	**immediately** 즉시	
speech 연설, 담화	**choose** 고르다, 선택하다	

☐ assemble	조립하다, 모으다	☐ quality	품질
☐ matter	중요하다, 문제가 되다	☐ quantity	수량
☐ realize	깨닫다	☐ objection	반대
☐ wonder	궁금하다, 궁금해하다	☐ promotion	승진
☐ curious	궁금한, 호기심이 많은	☐ concern	걱정, 관심사
☐ affordable	(가격이) 알맞은	☐ find out	알아내다
☐ inexpensive	비싸지 않은	☐ give up	포기하다
☐ opportunity	기회	☐ whether	~인지 아닌지
☐ chance	기회, 가능성	☐ unless	만약 ~이 아니라면
☐ attract	끌다, 끌어 모으다	☐ as long as	~하는 한
☐ attractive	매력적인	☐ although	비록 ~일지라도
☐ available	시간이 있는, 이용 가능한	☐ even though	비록 ~일지라도
☐ priceless	값을 매길 수 없는, 귀중한	☐ both A and B	A와 B 둘 다
☐ recent	최근의	☐ not only A but also B	A뿐만 아니라 B도

보카 체크업   주어진 우리 말 뜻이 되도록 빈칸을 완성하세요.

1 가격은 주문 **수량**에 근거해서 결정될 것이다.

  ➡ The price will be decided based on the _____ of the order.

2 Sanders 씨는 내게 아주 **매력적인** 제안을 했다.

  ➡ Ms. Sanders made a very _____ offer to me.

3 우리는 이 기계가 어떻게 작동하는지 **궁금하다**.

  ➡ We are _____ about how this machine works.

4 이 박물관에 전시된 미술품은 **값을 매길 수 없는** 것이다.

  ➡ The artwork displayed in this museum is _____.

5 네가 진실을 **말하는 한**, 모든 것이 괜찮을 것이다.

  ➡ _____ you tell the truth, everything will be okay.

6 그들이 그 소문을 믿는지 믿지 않는지는 **중요하지** 않다.

  ➡ It doesn't _____ whether they believe the rumor or not.

관계대명사

이번 유닛에서는 형용사절에 대해 공부하게 됩니다. 앞에 나온 명사를 수식하는 절을 관계대명사절이라고 하는데, 관계대명사절을 이끄는 접속사 역할을 하는 것이 관계대명사입니다. 관계대명사의 개념과 종류, 그리고 사용법에 대해 알아봅시다.

토익 문법 포인트

● **관계대명사절**
관계대명사가 이끄는 절은 앞에 나온 명사인 **선행사를 수식하는 역할을 하는 형용사절**입니다.

● **관계대명사의 종류**
관계대명사에는 주격 관계대명사, 목적격 관계대명사, 소유격 관계대명사가 있으며, **선행사의 종류와 관계대명사의 격에 맞게 사용**해야 합니다.

관계대명사의 개념

ⓐ 관계대명사의 역할

관계대명사는 두 문장을 하나로 연결하는 역할을 하는데, 관계대명사가 이끄는 절을 관계대명사절이라고 합니다. 관계대명사절은 '관계대명사 + 주어 + 동사'의 형태로, 관계대명사 앞에 있는 명사를 수식하는 형용사 역할을 하며, 이때 수식을 받는 명사를 '선행사'라고 합니다.

ⓑ 관계대명사절 만들기

두 문장에서 중복되어 사용되는 명사가 있을 때, 한 문장에서 중복되는 명사를 관계대명사로 바꾼 다음, 다른 한 문장의 명사(선행사) 뒤에 이 관계대명사절을 삽입합니다. 관계대명사를 이용하여 아래의 두 문장을 하나의 문장으로 만드는 순서는 아래와 같습니다.

① 1단계: 문장 2에서 'the report'를 관계대명사 which로 대체하여 관계대명사절로 변경

② 2단계: 관계대명사절을 문장 1의 선행사 'the report' 뒤에 삽입

문장 1 The manager will review **the report**. 매니저는 보고서를 검토할 것이다.

문장 2 Michelle wrote **the report**. Michelle이 보고서를 썼다.

→ The manager will review **the report** which Michelle wrote.

[주절]   [종속절]

매니저가 Michelle이 작성한 보고서를 검토할 것이다.

관계대명사의 종류

관계대명사는 선행사가 사람인지 사물인지, 그리고 생략된 명사가 주격, 목적격, 소유격 중 어느 것인지에 따라 알맞은 형태의 것을 선택해서 사용해야 합니다. 관계대명사의 종류로 주격 관계대명사, 목적격 관계대명사, 소유격 관계대명사가 있습니다.

관계대명사의 종류	선행사의 종류		
	사람	사물, 동물	공통
주격 관계대명사	who	which	that
목적격 관계대명사	who, whom	which	that
소유격 관계대명사	whose	whose	-

They selected **a candidate whom** they liked the most. (선행사: 사람), (관계대명사: 목적격)

= They selected a candidate **who** they liked the most.

= They selected a candidate **that** they liked the most.

그들은 자신들이 가장 마음에 들어 한 후보자를 선택했다.

He is sitting at **a table which** is located near the window. (선행사: 사물), (관계대명사: 주격)

= He is sitting at a table **that** is located near the window.

그는 창문 가까이에 위치한 테이블에 앉아 있다.

● 정답 및 해설 p.036

A 다음 문장에서 관계대명사절을 찾아 밑줄로 표시하세요.

1 There are a lot of people who lost their jobs.

2 The box which was delivered this morning is really heavy.

3 The car that James bought is a used one.

4 We met a man whose dream was to become a millionaire.

5 The tourists whom I guided looked tired after the tour.

6 The theory which Angela proposed is ridiculous.

7 They found a book whose cover was missing.

8 I want to work with someone who is kind and understanding.

9 The accident that happened last week was terrible.

10 The couple hired a nanny who will take care of their son.

> **어휘** deliver 배달하다 used 중고의 millionaire 백만장자 theory 이론 ridiculous 터무니없는, 말도 안 되는 understanding 이해심 있는 nanny 보모

B 다음 밑줄 친 관계대명사가 무슨 격으로 사용되었는지 고르세요.

1 Ashley is one of the guests <u>whom</u> they invited.   ⓐ 주격 ⓑ 목적격 ⓒ 소유격

2 The news <u>which</u> was about John was surprising.   ⓐ 주격 ⓑ 목적격 ⓒ 소유격

3 I am reading a novel <u>whose</u> setting is a small village.   ⓐ 주격 ⓑ 목적격 ⓒ 소유격

4 Joanne is my coworker <u>who</u> I can trust.   ⓐ 주격 ⓑ 목적격 ⓒ 소유격

5 The coffee <u>that</u> was on the table was still hot.   ⓐ 주격 ⓑ 목적격 ⓒ 소유격

6 Ms. Bell made a sandwich <u>which</u> had no meat.   ⓐ 주격 ⓑ 목적격 ⓒ 소유격

7 They adopted a cat <u>whose</u> name is Felix.   ⓐ 주격 ⓑ 목적격 ⓒ 소유격

8 The computer <u>which</u> I want to borrow is out of order.   ⓐ 주격 ⓑ 목적격 ⓒ 소유격

9 My manager owns a watch <u>that</u> is very expensive.   ⓐ 주격 ⓑ 목적격 ⓒ 소유격

10 Amy is talking with a man <u>who</u> we have never met before. ⓐ 주격 ⓑ 목적격 ⓒ 소유격

> **어휘** setting 배경 village 마을 trust 믿다, 신뢰하다 adopt 입양하다 out of order 고장난 own 소유하다

주격 관계대명사

선행사에 해당하는 명사가 관계대명사절에서 주어로 사용되는 경우에는 주격 관계대명사를 사용합니다. 선행사가 사람이면 who, 사물이나 동물이면 which가 사용되며, that은 어느 경우에도 사용될 수 있습니다.

Jimmy is assisting **the person who** will lead the seminar today.

Jimmy가 오늘 세미나를 이끌 사람을 돕고 있다.

> **문장 1**   Jimmy is assisting **the person**.   Jimmy는 그 사람을 돕고 있다.
>
> **문장 2**   **The person** will lead the seminar today.   그 사람은 오늘 세미나를 이끌 것이다.

① 1단계: 문장 2의 'the person'을 주격 관계대명사 who로 대체하여 관계대명사절로 변경

② 2단계: 관계대명사절을 문장 1의 선행사 'the person' 다음에 삽입

목적격 관계대명사

선행사에 해당하는 명사가 관계대명사절에서 목적어로 사용되는 경우에는 목적격 관계대명사를 사용합니다. 선행사가 사람이면 who(m), 사물이나 동물이면 which가 사용되며, that은 어느 경우에도 사용될 수 있습니다.

The plan which we proposed at the meeting has already been approved.

우리가 회의 때 제안한 계획은 이미 승인되었다.

> **문장 1**   **The plan** has already been approved.   그 계획은 이미 승인되었다.
>
> **문장 2**   We proposed **the plan** at the meeting.   우리가 회의 때 그 계획을 제안했다.

① 1단계: 문장 2의 'the plan'을 목적격 관계대명사 which로 대체하여 관계대명사절로 변경

② 2단계: 관계대명사절을 문장 1의 선행사 'the plan' 다음에 삽입

● **토익 맛보기**

Q We should talk to the intern ------- is helping Mr. Watson now.

(A) who   (B) whom   (C) whose   (D) which

우리는 지금 Watson 씨를 돕고 있는 인턴에게 말을 해야 한다.

> **변인트** **알맞은 형태의 관계대명사 고르기**
>
> 빈칸에 들어갈 알맞은 관계대명사를 고르는 문제가 출제됩니다. 선행사의 종류가 사람인지 사물인지를 구분한 다음, 관계대명사절에서 선행사가 어떤 역할을 하는지 파악해야 합니다. 위 문장에서는 선행사가 사람인 intern인데, 이것이 관계대명사절에서 주어로 사용되었기 때문에 사람을 나타내는 주격 관계대명사인 (A)를 정답으로 선택해야 합니다.

The song **who** the pianist played tonight was beautiful. (X)

The song **which** the pianist played tonight was beautiful. (O) (the song: 사물 / 목적어 역할)

오늘 밤에 피아니스트가 연주했던 곡은 아름다웠다.

A 다음 표현을 우리말로 알맞게 해석하세요.

1 a movie that I like ➡ _____

   a movie that is funny ➡ _____

2 a man who helped me ➡ _____

   a man who I helped ➡ _____

3 the letter that she wrote ➡ _____

   the letter that was sent to her ➡ _____

4 the pianist who performed ➡ _____

   the pianist who they saw ➡ _____

5 a center which will be built ➡ _____

   a center which they will build ➡ _____

6 the money that he invested ➡ _____

   the money that was invested ➡ _____

어휘 perform 공연하다, 연주하다　build 건축하다, 짓다　invest 투자하다

B 다음 ( ) 안에 들어갈 알맞은 말을 고르세요.

1 Tyler called the doctor (which / whom) he visited on Monday.

2 We are using materials (who / which) can be recycled.

3 Ms. Rogers will check the budget (that / whom) we planned.

4 Anyone (which / who) is interested in soccer can join the chat.

5 We will prepare the food (that / who) our client chose.

6 The man (who / which) will make the speech is ready.

7 I do not know the woman (who / which) the board of directors appointed to the position.

8 The supplier brought the sample (who / which) we requested.

9 The company fired the employee (whom / who) stole the money.

10 He is looking for a tool (who / that) can fix the fax machine.

어휘 material 재료　recycle 재활용하다　join 참여하다　chat 채팅, 담소　board of directors 이사회　appoint 임명하다
supplier 공급자　request 요청하다　fire 해고하다　steal 훔치다

05 소유격 관계대명사

선행사에 해당하는 명사가 관계대명사절에서 소유격으로 사용되는 경우에는 소유격 관계대명사를 사용합니다. 선행사에 구분 없이 whose가 사용되며, 관계대명사 that은 소유격 형태로 쓰이지 않습니다.

Ms. Collins will announce **the trainees** whose scores are above 90.

Collins 씨는 점수가 90점이 넘는 연수생들을 발표할 것이다.

문장 1   Ms. Collins will announce **the trainees**.   Collins 씨는 연수생들을 발표할 것이다.

문장 2   **The trainees'** scores are above 90.   그 연수생들의 점수는 90점이 넘는다.

① 1단계: 문장 2의 'the trainees'를 소유격 관계대명사 whose로 대체하여 관계대명사절로 변경

② 2단계: 관계대명사절을 문장 1의 선행사 'the trainees' 다음에 삽입

06 주의해야 할 관계대명사

ⓐ 관계대명사 what

관계대명사 what은 '~하는 것'이란 의미로서 'the thing which [that]'로 바꿔 쓸 수 있습니다. 즉, 관계대명사 what은 '선행사 + 관계대명사' 형태로서, 관계대명사 what이 이끄는 절은 형용사절이 아닌 명사절입니다. 따라서, 주어, 목적어, 보어 자리에 쓰인다는 점에 주의해야 합니다.

The instructor did not understand **what I asked**. (내가 질문한 것 – 목적어)
그 강사는 내가 질문한 것을 이해하지 못했다.

What he wants is just some free time. (그가 원하는 것 – 주어)
그가 원하는 것은 단지 약간의 자유 시간이다.

ⓑ 목적격 관계대명사의 생략

목적격 관계대명사는 생략될 수 있습니다. 관계대명사가 생략된 문장 형태에 주의하도록 합니다.

These are the items **that** we prepared yesterday.   이것들은 우리가 어제 준비한 물품들이다.

= These are the items we prepared yesterday. (목적격 관계대명사 that 생략)

ⓒ 주격 관계대명사절의 수 일치

주격 관계대명사 뒤에 나오는 동사의 수는 선행사의 수에 일치시켜야 합니다.

This computer is for the visitors who need more information. (복수 선행사 – 복수 동사)
이 컴퓨터는 더 많은 정보가 필요한 방문객들을 위한 것이다.

This computer is for the visitor who needs more information. (단수 선행사 – 단수 동사)
이 컴퓨터는 더 많은 정보가 필요한 방문객을 위한 것이다.

● 토익 맛보기

Q The salesperson will bring ------- the customer wants.

(A) which   (B) who   (C) that   (D) what

판매 사원이 그 고객이 원하는 것을 가져 올 것이다.

확인학습 ③

● 정답 및 해설 p.037

A 다음 밑줄 친 부분이 맞으면 T, 틀리면 F에 표시하세요.

1 That is not <u>what I meant</u>.   □ T   □ F

2 The supervisor is observing <u>the employee who skill is</u> outstanding.   □ T   □ F

3 I will bring <u>the document we should review</u> together.   □ T   □ F

4 <u>The rules that has changed</u> will be effective soon.   □ T   □ F

5 Henry saw <u>a car whose windows were broken</u>.   □ T   □ F

6 We want <u>a member who has</u> more experience.   □ T   □ F

7 This is the list of <u>people applied</u> for the position.   □ T   □ F

8 <u>Which Michael said</u> to his boss was rude.   □ T   □ F

어휘 observe 관찰하다 outstanding 뛰어난 effective 시행되는, 효과적인 rude 무례한

B 다음 (   ) 안에 들어갈 알맞은 말을 고르세요.

1 Carol is helping a customer (who / whose) bill has been lost.

2 I will choose (what / that) you should wear.

3 She is interviewing (the man / the man what) Mr. Gibson recommended.

4 This is the brochure which (was / were) confirmed by the director.

5 We made a team (which / whose) goal is to improve quality.

6 (Which / What) I like about Ethan is his creativity.

7 Kevin showed me some (pictures whom / pictures) he took.

8 This space is for the employees who (want / wants) some rest.

어휘 bill 청구서 lost 분실된 recommend 추천하다 brochure 소책자, 브로셔 improve 개선하다 creativity 창의성

1. We should find a case ------- can support our argument.

   (A) who
   (B) what
   (C) which
   (D) whose

2. The woman ------- they met last Sunday became a chairperson.

   (A) what
   (B) which
   (C) whose
   (D) whom

3. I want to watch a movie ------- story takes place in New York.

   (A) whose
   (B) who
   (C) which
   (D) that

4. The reporter interviewed some people who ------- from Brazil.

   (A) are
   (B) is
   (C) be
   (D) to be

5. His coworkers could not believe ------- he just mentioned.

   (A) that
   (B) what
   (C) which
   (D) whose

6. The article ------- Mr. Turner read was written by a former mayor.

   (A) whom
   (B) who
   (C) which
   (D) what

7. Ms. Jones booked a hotel ------- provides various activities.

   (A) that
   (B) what
   (C) who
   (D) whose

8. We talked to the artist ------- paintings are displayed in the gallery.

   (A) who
   (B) which
   (C) whom
   (D) whose

9. Let me introduce a program that ------- families with low income.

  (A) help

  (B) helps

  (C) helping

  (D) are helping

10. This show will be hosted by a comedian ------- everybody loves.

  (A) which

  (B) what

  (C) whose

  (D) who

11. Please check the receipt ------- was included in the package.

  (A) who

  (B) that

  (C) what

  (D) whose

12. The audience is listening to ------- the expert says about the current market.

  (A) who

  (B) which

  (C) what

  (D) that

 어휘

support 지원하다, 뒷받침하다	**mayor** 시장	**host** 진행하다, 주최하다
argument 주장	**book** 예약하다	**comedian** 코미디언
chairperson 회장, 의장	**various** 다양한	**receipt** 영수증
take place 일어나다	**painting** 그림	**include** 포함하다
reporter 기자	**display** 전시하다	**audience** 청중
mention 언급하다	**gallery** 미술관, 화랑	**expert** 전문가
article 기사	**introduce** 소개하다	**current** 현재의
former 이전의	**income** 소득, 수입	

☐ book	예약하다	☐ trainee	연수생, 훈련 받는 사람
☐ display	전시하다, 진열하다	☐ trainer	트레이너
☐ include	포함하다	☐ chairperson	회장, 의장
☐ own	소유하다	☐ expert	전문가
☐ request	요청하다, 요청	☐ bill	청구서
☐ support	지원하다, 지원	☐ brochure	안내 책자, 팸플릿
☐ trust	믿다, 신뢰하다	☐ effective	시행되는, 효과적인
☐ trustworthy	믿을 수 있는	☐ understanding	이해심 있는
☐ improve	개선하다, 향상시키다	☐ outstanding	뛰어난
☐ improvement	개선, 향상	☐ located	～에 위치한
☐ observe	관찰하다	☐ used	중고의
☐ observation	관찰	☐ broken	고장난, 깨진
☐ instruct	지시하다, 가르치다	☐ out of order	고장난
☐ instructor	강사	☐ take place	일어나다, 개최되다

보카 체크업 주어진 우리말 뜻이 되도록 괄호 안의 단어들을 배열하여 문장을 완성하세요.

1 오늘의 주제는 신뢰할 수 있는 사람이 되는 방법이다. (person, trustworthy, a)

➡ Today's topic is how to become ＿＿＿＿＿＿＿＿＿＿＿＿＿＿＿＿＿.

2 그 구조팀은 그들의 뛰어난 팀워크로 유명하다. (teamwork, their, outstanding)

➡ The rescue team is famous for ＿＿＿＿＿＿＿＿＿＿＿＿＿＿＿＿＿.

3 이 가격이 판매세를 포함한 것인지 내가 물어보겠다. (sales, the, includes, tax)

➡ Let me ask if this price ＿＿＿＿＿＿＿＿＿＿＿＿＿＿＿.

4 이 게임은 당신의 관찰력을 향상시키는데 도움이 된다. (observation, improve, skills, your)

➡ This game helps you ＿＿＿＿＿＿＿＿＿＿＿＿＿＿＿.

5 그 자동판매기는 3일 동안 고장난 상태이다. (out, been, order, of)

➡ The vending machine has ＿＿＿＿＿＿＿＿＿＿＿＿＿＿＿ for three days.

6 주차장은 그 건물 앞에 위치해 있다. (in, of, is, located, front)

➡ The parking lot ＿＿＿＿＿＿＿＿＿＿＿＿＿＿＿ the building.

비교

비교 구문은 둘 이상의 대상을 두고 어느 것이 '더 좋다' '더 안 좋다' '가장 좋다'와 같이 우열을 가리기 위해 사용하는 문장 형태를 말합니다. 비교 구문의 종류와 문장 형태에 대해 학습해 봅시다.

토익 문법 포인트

● **비교 구문의 개념**
비교 구문은 **형용사나 부사를 이용**하여 대상의 성질, 상태 등의 **우열을 비교**할 때 사용하는 표현입니다.

● **비교 구문의 종류**
비교 구문에는 **원급 비교**, **비교급**, **최상급**이 있으며 원급 비교는 '…만큼 ~한', 비교급은 '…보다 더 ~한', 최상급은 '가장 ~한'이라는 의미가 됩니다.

비교 구문의 개념

비교 구문이란 형용사나 부사를 이용하여 비교 대상 간에 성질, 상태, 수량 등의 우열을 비교하는 문장 구조를 말합니다. 이는 원급 비교, 비교급, 최상급으로 구분할 수 있는데, 각각의 형용사나 부사의 형태, 그리고 문장 구조에 차이가 있습니다.

Ⓐ 형용사와 부사의 형태

	원급	비교급 (-er / more)	최상급 (-est / most)
1음절 단어	strong 강한	stronger 더 강한	strongest 가장 강한
2음절 이상 단어	careful 조심하는	more careful 더 조심하는	most careful 가장 조심하는
불규칙 변화	good/well 좋은/잘	better 더 좋은/더 잘	best 가장 좋은/가장 잘
	bad 나쁜	worse 더 나쁜	worst 가장 나쁜
	many/much 많은	more 더 많은	most 가장 많은
	little 적은	less 더 적은	least 가장 적은

Ⓑ 문장 구조

원급	as ~ as	His bag is **as heavy as** mine. 그의 가방은 내 것만큼 무겁다.
비교급	-er/more ~ (than)	His bag is **heavier than** mine. 그의 가방은 내 것보다 더 무겁다.
최상급	the -est/the most	His bag is **the heaviest** of all. 그의 가방은 모든 가방 중에 가장 무겁다.

원급 비교

원급 비교는 형용사나 부사의 기본형을 활용한 비교 구문으로서 '~만큼 …한/~만큼 …하게'라는 의미가 됩니다. 'as + 형용사/부사의 원급 + as'의 형태로 사용되며, 'as ~ as'를 제외한 나머지 부분을 살펴보면 형용사와 부사 중에 어느 것을 사용할지 파악할 수 있습니다. 'as ~ as' 뒤에는 명사가 올 수도 있고 '주어 + 동사' 형태의 절이 올 수도 있습니다.

The new commercial is **as popular as** the old one. 새 광고는 예전 것만큼 인기가 있다.

Ⓐ as + 형용사 + as

'~만큼 ~한'이라는 의미로 문장 속에서 형용사로 쓰입니다.

The event was **as successful as** last year. 그 행사는 작년만큼 성공적이었다.
→ as와 as가 없다고 가정하면 'as ~ as' 사이에 형용사가 와야 한다는 것을 알 수 있습니다.

The event was **successful**. (O) — The event was successfully. (X)

Ⓑ as + 부사 + as

'~만큼 ~하게'라는 의미로 문장 속에서 부사로 쓰입니다.

Kelly opened the gift **as carefully as** she could. Kelly는 할 수 있는 만큼 조심해서 그 선물을 열었다.
→ as와 as가 없다고 가정하면 'as ~ as' 사이에 부사가 와야 한다는 것을 알 수 있습니다.

Kelly opened the gift **carefully**. (O) — Kelly opened the gift careful. (X)

● 정답 및 해설 p.040

A 다음 단어의 알맞은 비교급과 최상급 형태를 쓰세요.

		비교급		최상급
1	good	–	–	
2	pleasant	–	–	
3	heavy	–	–	
4	slowly	–	–	
5	early	–	–	
6	hot	–	–	
7	common	–	–	
8	sensitive	–	–	
9	little	–	–	
10	bad	–	–	

어휘 pleasant 기쁜   common 흔한   sensitive 예민한, 민감한

B 다음 주어진 단어를 한 번씩 써서 빈칸을 완성하세요.

1 serious : seriously

ⓐ You should handle the complaint as _____ as you can.
ⓑ My boss looked as _____ as the angry customer.

2 rapid : rapidly

ⓐ The increase in sales was not as _____ as before.
ⓑ The demand increased as _____ as it did last quarter.

3 accurate : accurately

ⓐ He is as _____ as a computer.
ⓑ He can calculate as _____ as a computer.

4 frequent : frequently

ⓐ We run the security program as _____ as possible.
ⓑ Her visits were not as _____ as we expected.

어휘 handle 처리하다   demand 수요   accurate 정확한   calculate 계산하다   frequently 자주   run 작동시키다

비교급은 형용사나 부사의 뒤에 –er을 붙이거나 앞에 **more**를 붙인 형태로, '더 ~한/더 ~하게'라는 의미입니다. 비교 대상을 제시할 때는 '···보다'라는 의미의 than을 사용합니다.

Her information is **more reliable**. 그녀의 정보가 더 믿을 만하다.

This system works **faster than** the other one. 이 시스템이 다른 것보다 더 빨리 작동한다.

🅐 비교급의 than

'~보다'라는 의미를 나타내는 than은 전치사와 접속사로 모두 사용됩니다. than이 전치사인 경우에는 than 뒤에 명사의 목적격이 오며, 접속사인 경우에는 '주어 + 동사'의 형태가 이어집니다.

Our competitor's profit was **greater than** <u>ours</u>. 우리 경쟁사의 수익은 우리의 것보다 더 컸다.

He processed the data **more slowly than** <u>we did</u>. 그는 우리보다 더 천천히 데이터를 처리했다.

🅑 less + 비교급

'더/더 많은'이라는 뜻의 more 대신에 less를 사용하면 '덜/더 적은'이라는 뜻의 비교급 문장이 됩니다.

The department wants to purchase **less expensive** parts. 그 부서는 덜 비싼 부품을 구입하고 싶어한다.

I think that this task is **less important than** the others. 나는 이 업무가 다른 것들보다 덜 중요하다고 생각한다.

🅒 비교급의 강조

비교급을 강조하기 위해 사용할 수 있는 부사로는 much(훨씬), far(훨씬), a lot(훨씬), still(여전히), even(심지어) 등이 있습니다. 비교급을 강조할 때 very를 쓰지 않는다는 점에 주의해야 합니다.

Jason is <u>a lot</u> **more intelligent than** his brother. Jason은 그의 형제보다 훨씬 더 똑똑하다.

🅓 the + 비교급, the + 비교급

'the + 비교급, the + 비교급'은 '~하면 할 수록, 더 ~하다'라는 의미입니다. 일반적으로 비교급에는 the가 사용되지 않지만 이 구문은 예외적인 경우입니다.

The harder you try, **the better** result you will get. 당신이 더 열심히 노력할 수록 더 좋은 결과를 갖게 될 것이다.

🅔 the + 비교급 + of the two

비교 대상이 둘뿐일 경우에 둘을 비교하게 되면 결과적으로 둘 중 하나가 최상급의 의미를 갖게 되므로 비교급 앞에 the를 써야 합니다.

Patrick is **the smarter** <u>of the two</u>. Patrick이 둘 중에 더 영리하다.

● 토익 맛보기

> **Q** The shopping mall is ------- more crowded than before.
>
> (A) most　　　　(B) very　　　　(C) many　　　　(D) much

　그 쇼핑몰은 이전보다 훨씬 더 붐빈다.

【포인트】 비교급의 강조

비교급을 수식하는 부사를 찾는 문제입니다. 일반적인 형용사나 부사의 의미를 강조할 때는 very가 사용되지만, 비교급 문장에서 '훨씬 더'라는 의미가 되려면 much, far 또는 a lot을 사용해야 합니다. 따라서 정답은 (D)입니다.

This movie is **very** more interesting. (X)

This movie is **far [a lot]** more interesting. (O)   이 영화가 훨씬 더 흥미롭다.

확인학습 ②

● 정답 및 해설 p.040

A   다음 (   ) 안에 들어갈 알맞은 말을 고르세요.

1   The audience is (quieter / more quiet) than last night.

2   I will return the document (quicklier / more quickly) than last time.

3   Rachel works more hours than (his / him).

4   The voice from the speaker was (louder / more loud) than usual.

5   The ending of the movie was (even / very) more shocking.

6   My father advised me to take a (wider / more wide) road.

7   Gilbert can speak Korean more fluently than (hers / she can).

8   They think that the updated version is (least / less) complicated.

어휘 audience 청중, 관중   usual 평상시, 평상시의   wide 넓은   fluently 유창하게   complicated 복잡한

B   다음 우리말에 맞게 괄호 안의 단어들을 배열하여 문장을 완성하세요.

1   이 핸드폰은 다른 것보다 훨씬 더 편리하다. (a, convenient, more, lot)

→ This cell phone is _____ than the other one.

2   둘 중에 오른쪽에 있는 사과가 더 신선하다. (of, two, the, the, fresher)

→ The apple on the right is _____ .

3   다른 무엇보다 매니저의 승인이 필요하다. (anything, else, more, than)

→ I need my manager's approval _____ .

4   우리가 그곳에 더 빨리 도착하면 할 수록 더 많은 일을 할 수 있다. (work, the, more)

→ The sooner we get there, _____ we can do.

5   이 경우에는, 큰 팀이 작은 팀보다 덜 생산적일 것이다. (productive, than, less)

→ In this case, a big team will be _____ a small team.

6   그 소식을 들었을 때, Alex는 나보다 더 신나 했다. (I, than, excited, was, more)

→ When he heard the news, Alex was _____ .

어휘 convenient 편리한   fresh 신선한   approval 승인   productive 생산적인

최상급은 'the 형용사/부사 + -est', 또는 'the most + 형용사/부사'의 형태로서 '가장 ~한/가장 ~하게'라는 의미입니다. 이때 the 대신에 소유격이 사용될 수도 있습니다.

Ms. Allen is **the most famous** specialist in this field. Allen 씨는 이 분야에서 가장 유명한 전문가이다.

He told me about **his worst** experience at work. 그는 직장에서 겪은 최악의 경험에 대해 내게 말했다.

Ⓐ 최상급 + in/of

최상급은 비교의 범위를 설명하는 표현과 함께 사용되는 경우가 많습니다. 이때 장소나 시간 등의 범위를 나타내기 위해 전치사 in(~에서) 또는 of(~중에서)가 사용됩니다.

This desk lamp is **the brightest** one <u>in</u> this store. 이 탁상용 스탠드는 이 가게에서 가장 밝은 것이다.

Alice reached **the highest** level <u>of</u> all the players. Alice가 모든 참가자들 중에서 가장 높은 레벨에 도달했다.

Ⓑ 최상급 + that절

최상급 문장의 비교 범위로 경험을 제시하는 형태로서, that절에 주로 현재완료시제와 even을 함께 써서 '지금까지 경험한 것 중에 가장'이라는 의미를 나타냅니다.

It was **the strangest** story <u>that we have ever heard</u>. 그것은 우리가 들어 본 가장 이상한 이야기이다.

Mr. Green is **the most reasonable** person <u>that I have ever met</u>.
Green 씨는 내가 만나 본 가장 합리적인 사람이다.

Ⓒ least

최상급 문장에서 most 대신에 least를 사용하면 '가장 덜한/가장 적은'이라는 뜻이 됩니다.

The least urgent case will be handled tomorrow. 가장 덜 급한 케이스는 내일 처리될 것이다.

Chocolate pudding is **my least favorite** dessert on the menu.
초콜릿 푸딩은 메뉴 중에 내가 가장 싫어하는 디저트이다.

Ⓓ one of the + 최상급 + 복수명사

'가장 ~한 것들 중 하나'라는 의미로서, 이어지는 명사는 반드시 복수형이어야 한다는 점에 주의해야 합니다.

New York is **one of the busiest cities** in the world. 뉴욕은 세계에서 가장 분주한 도시들 중 하나이다.

This center has **one of the best programs** in the city.
이 센터는 도시에서 최고의 프로그램들 중 하나를 가지고 있다.

Ⓔ the + 서수 + 최상급

단순히 최상급만을 쓰면 '가장 ~한'이라는 의미가 되지만, the 다음에 second, third 등의 서수를 쓰면 '…번째로 가장 ~한'이라는 의미가 됩니다.

This is **the third biggest** diamond in our store. 이것은 우리 가게에서 세 번째로 큰 다이아몬드이다.

A 다음 ( ) 안에 들어갈 알맞은 말을 고르세요.

1 We are trying to find (most / the most) appropriate answer.

2 One of their (greatest / most great) achievements was winning the championship.

3 We will order the (most least / least) expensive printer.

4 Monica is the most active person (of / in) all the employees.

5 Jennifer was the (nicest / most nice) interviewer that I have ever met.

6 India has the (two / second) largest population in the world.

7 The vacation was (a / her) most precious childhood memory.

8 The clip was one of (the funniest / the most funny) videos of the year.

9 This is the most aggressive campaign (in / that) the company has ever led.

10 Randy is one of the most proficient (candidate / candidates).

어휘 appropriate 적절한   achievement 업적   precious 소중한   childhood 어린 시절   aggressive 공격적인   proficient 숙련된, 능숙한

B 보기에서 알맞은 단어를 골라 우리말에 맞게 빈칸을 완성하세요.

보기	new	regularly	busily	critical	advanced
	soon	detailed	easy	direct	smooth

1 최상급 과정   → the _____ course

2 더 쉬운 방법   → an _____ way

3 전보다 더 규칙적으로   → _____ than before

4 가능한 빨리   → _____ as possible

5 최신 스타일   → the _____ style

6 더 자세한 정보   → _____ information

7 가장 덜 직접적인 표현   → the _____ expression

8 실크만큼 부드러운   → _____ as silk

9 어제보다 더 바쁘게   → _____ than yesterday

10 가장 중요한 점   → the _____ point

어휘 regularly 규칙적으로   critical 중요한, 결정적인, 비판적인   advanced 상급의   detailed 자세한   smooth 부드러운   expression 표현

1. This swimming pool provides ------- lesson hours than others.

   (A) flexible
   (B) more flexible
   (C) most flexible
   (D) the more flexible

2. They want to purchase the ------- laptop in the market.

   (A) lights
   (B) lighting
   (C) lighter
   (D) lightest

3. I admit that Dylan was as ------- as the other team members.

   (A) diligent
   (B) more diligent
   (C) diligently
   (D) diligence

4. According to the search, ------- smallest country is Monaco.

   (A) second
   (B) the second
   (C) two
   (D) the two

5. Taking a night shift seems ------- choice of the two.

   (A) good
   (B) better
   (C) the better
   (D) best

6. One World Trade Center is currently ------- building in the United States.

   (A) tall
   (B) taller
   (C) the taller
   (D) the tallest

7. Ms. Chapman was as disappointed as ------- about the loss.

   (A) my
   (B) me
   (C) mine
   (D) myself

8. 2019 was the ------- year that the company has ever had.

   (A) profit
   (B) profitable
   (C) more profitable
   (D) most profitable

9. The XJ9000 seems ------- more practical than the previous model.

(A) a lot

(B) a lot of

(C) many

(D) very

11. Mr. Simpson explained his analysis as ------- as he could.

(A) clear

(B) clearer

(C) clearly

(D) more clearly

10. One of ------- friends will be staying with me during the holidays.

(A) close

(B) the closer

(C) closest

(D) my closest

12. The more data you collect, ------- result you will get.

(A) accurate

(B) more accurate

(C) the more accurate

(D) most accurate

provide 제공하다	**night shift** 야간 근무	**practical** 실용적인
flexible 탄력적인, 유연한	**choice** 선택	**previous** 이전의
laptop 노트북 컴퓨터	**trade** 무역	**stay** 머물다
light 빛, 가벼운, (빛을) 비추다	**currently** 현재	**close** 가까운
admit 인정하다	**disappointed** 실망한	**analysis** 분석
diligent 부지런한	**loss** 손실, 손실액	**clear** 분명한
diligence 부지런함, 근면	**profit** 이익, 수익	**collect** 모으다, 수집하다
according to ~에 따르면	**profitable** 이익이 되는, 수익성이 있는	**accurate** 정확한
search 검색		

☐ loss	손실, 손실액	☐ convenient	편리한
☐ profit	이익, 수익	☐ crowded	붐비는, 복잡한
☐ profitable	유익한, 수익성이 있는	☐ diligent	부지런한
☐ advanced	상급의	☐ flexible	탄력적인, 유연한
☐ intermediate	중급의	☐ practical	실용적인
☐ intelligent	똑똑한, 총명한	☐ previous	이전의
☐ intellectual	지적인	☐ productive	생산적인
☐ direct	직접적인	☐ proficient	숙련된, 능숙한
☐ indirect	간접적인	☐ urgent	긴급한
☐ accurate	정확한	☐ fluently	유창하게
☐ aggressive	공격적인	☐ frequently	자주
☐ appropriate	적절한, 알맞은	☐ rapidly	빨리, 신속히
☐ common	흔한	☐ worst	최악의
☐ complicated	복잡한	☐ as soon as possible	가능한 빨리

보카 체크업 밑줄 친 단어에 주의하여 각각의 문장을 해석하세요.

1 I could not understand the story because it was too <u>complicated</u>.

➡ _____

2 SJ Chemical, Inc. offers a <u>flexible</u> work schedule for all employees.

➡ _____

3 Dr. Green will talk about <u>intellectual</u> property during the seminar.

➡ _____

4 We should wear something more <u>appropriate</u> for the event.

➡ _____

5 You need to contact your coworker <u>as soon as possible</u>.

➡ _____

6 The manager advised us to change the password more <u>frequently</u>.

➡ _____

가정법

가정법은 직설법과 반대되는 개념으로 사실과 다른 내용을 가정하여 표현하는 것을 말합니다. 즉, 실제로는 그렇지 않지만 '만약 ~한다면 …할 텐데'와 같은 의미입니다. 가정법 시제의 개념을 정확히 이해할 수 있어야 합니다.

① **가정법의 의미**
② **가정법 과거**
③ **가정법 과거완료**
④ **가정법 미래**
⑤ **If가 생략된 가정법**
⑥ **기타 가정법 구문**

토익 문법 포인트

● **가정법의 시제**
가정법은 동사의 시제를 표현하는 법에서 직설법과 차이가 있다는 점에 주의해야 합니다. 가정법의 시제에는 **가정법 과거, 가정법 과거완료, 가정법 미래**가 있습니다.

● **If의 생략**
가정법 문장의 if절에서 접속사 if가 생략되면 **주어와 동사가 도치**됩니다.

가정법의 의미

가정법은 **실제 사실과 반대되는 상황을 가정해서 말하는 경우에 사용하는 법(mood)입니다.** if가 포함된 직설법의 조건절과 형태가 비슷하기는 하지만, 사용되는 시제와 의미에 차이가 있습니다. 직설법은 '~하면 …할 것이다'라는 단순한 조건을 의미하지만, 가정법은 '~하면 …할 텐데'라는 의미입니다. 즉, '~하지 않아서 …하지 못한다'는 의미가 됩니다.

Ⓐ 직설법: 단순한 조건

If I **need** more time, I **will ask** you. 시간이 더 필요하면, 당신에게 부탁을 할 것이다.

→ 시간이 더 필요하면 부탁을 하고, 더 필요하지 않으면 부탁하지 않을 것이라는 의미

Ⓑ 가정법: 사실과 다른 상황을 가정

If I **needed** more time, I **would ask** you. 시간이 더 필요하다면, 당신에게 부탁을 할 텐데.

→ 시간이 더 필요하면 부탁을 하겠지만, 사실은 시간이 더 필요하지 않아서 부탁을 하지 않을 것이라는 의미

● 토익 맛보기

Q If I were Ms. Miller, I ------- the offer.

(A) accept   (B) accepted   (C) will accept   (D) would accept

내가 Miller 씨라면, 그 제안을 받아들일 텐데.

> **포인트 직설법 vs. 가정법**
>
> 직설법 문장에서 주어가 단수 명사일 때 be동사의 과거형은 was가 되지만 가정법 문장의 if절에서는 주어의 수와 상관없이 were를 사용합니다. 또한, 내용상으로도 내가 다른 사람이 되는 것은 실제로 일어날 수 없는 일이므로 문제의 문장은 가정법이라는 것을 알 수 있습니다. 가정법 문장에서는 가정법의 시제를 따라야 하므로 주절의 시제는 'would + 동사원형'이 되어야 합니다. 따라서 정답은 (D)입니다.
>
> If Billy **is** a member, he **can access** the account. (직설법)
> Billy가 회원이라면, 그 계좌에 접속할 수 있다.
>
> If Billy **were** a member, he **could access** the account. (가정법)
> Billy가 회원이라면, 그 계좌에 접속할 수 있을 텐데.

가정법 과거: ~한다면(~라면) …할 텐데 (현재와 반대되는 사실을 가정)

가정법 과거는 현재 사실과 반대되는 상황을 가정해서 말할 때 사용합니다. 문장에서 사용되는 시제가 과거시제이기 때문에 가정법 과거라고 부르기는 하지만, **현재의 상황을 가정한다는 점에 주의해야 합니다.**

If절	주절
If + 주어 + 과거 동사/were	주어 + would/could/might/should + 동사원형

If Jerry **lived** in a big city, he **would enjoy** life more. Jerry가 대도시에 산다면, 생활을 더 즐길 텐데.

If it **were** not for your help, we **might lose** the game.
당신의 도움이 없다면, 우리가 그 경기에 질 수도 있을 텐데.

● 정답 및 해설 p.043

A 다음 가정법 문장을 설명하는 내용으로 알맞은 것을 고르세요.

1 If I had received the bill, I would have paid it.
ⓐ 청구서를 받아서 돈을 냈다.
ⓑ 청구서를 못 받아서 돈을 못 냈다.

2 If the door were locked, they couldn't enter it.
ⓐ 문이 잠기지 않아서 들어갈 수 있다.
ⓑ 문이 잠겨서 들어갈 수 없다.

3 If the promotion had been successful, they might have made a profit.
ⓐ 프로모션이 성공적이었지만 이익을 내지 못했다.
ⓑ 프로모션이 성공적이지 않아서 이익을 내지 못했다.

4 If she didn't have the license, she wouldn't apply for the job.
ⓐ 자격증이 있어서 그 일에 지원을 한다.
ⓑ 자격증이 없어서 그 일에 지원을 안 한다.

어휘 bill 청구서 lock 잠그다 enter 들어가다 profit 이익, 수익 license 자격증

B 다음 가정법 문장의 ( ) 안에 들어갈 알맞은 말을 고르세요.

1 If you had your ID card, you would not (be / have been) stopped at the gate.

2 If the car (slows / slowed) down, the passengers would feel safe.

3 If she (did not/ does not) have a toothache, she might order some cake.

4 If the computer were not out of order, Gloria (will / would) still be working.

5 If Mr. Warren (is / were) ready to retire, he would quit his job.

6 If they (have / had) the same model, they should have the same problem.

7 If the painting (is not / were not) a fake, it could be worth over a million dollars.

8 If it were not for the necessary parts, the workers would (call / called) the office.

9 If I (knew / did not know) all the answers, I should receive a perfect score.

10 If there were enough food, the children would not (be / have been) hungry.

어휘 ID card 신분증 passenger 승객 toothache 치통 out of order 고장 난 retire 은퇴하다 fake 모조품, 모조의 worth ~의 가치가 있는 necessary 필요한

가정법 과거완료: ~했다면(~였다면) …했을 텐데 (과거와 반대되는 사실을 가정)

가정법 과거완료는 과거 사실과 반대되는 상황을 가정해서 말할 때 사용합니다. 문장에서 사용되는 시제가 과거완료이기 때문에 가정법 과거완료라고 부르기는 하지만, 과거의 상황을 가정한다는 점에 주의해야 합니다.

If절	주절
If + 주어 + had p.p.	주어 + would/could/might/should + have p.p.

If the company **had invested** more money, the product **would have been** successful.
회사가 더 많은 돈을 투자했다면, 그 제품이 성공했을 텐데.

If he **had been** the president, he **might have hired** the person.
그가 사장이었다면, 그 사람을 채용했을 텐데.

If it **had not been** for the mistake, I **could have succeeded**.
실수가 없었다면, 내가 성공했을 수도 있을 텐데.

● 토익 맛보기

Q If there had not been an accident, we could ------- there on time.

    (A) arrive   (B) have arrived   (C) had arrived   (D) be arriving

사고가 없었다면, 우리는 제시간에 도착했을 수도 있을 텐데.

> **포인트** **가정법의 시제**
>
> 가정법 문장은 if절과 주절의 시제를 잘 맞춰서 쓰는 것이 중요하므로 가정법 과거, 가정법 과거완료, 가정법 미래의 if절과 주절에 어떤 형태의 동사가 와야 하는지를 확실히 기억해 두어야 합니다. 위 문제의 경우 if절에 'had p.p.'가 쓰인 가정법 과거완료 문장이므로, 주절의 동사는 would have p.p.의 형태가 되어야 합니다. 정답은 (B)입니다.
>
> If Sarah **liked** the idea, she **would tell** you. (가정법 과거)
> Sarah가 그 아이디어를 좋아한다면, 당신에게 말할 텐데.
> If Sarah **had liked** the idea, she **would have told** you. (가정법 과거완료)
> Sarah가 그 아이디어를 좋아했다면, 당신에게 말했을 텐데.

가정법 미래: 혹시 ~한다면 …할 텐데/…할 것이다 (가능성이 낮은 상황을 가정)

가정법 미래는 미래에 발생할 가능성이 낮은 상황을 가정해서 말할 때 사용됩니다. '만약에라도 어떠한 일이 있다면'이라는 의미로, 앞으로의 일에 대해 조심스럽고 우회적으로 표현하는 것이므로 정중한 표현으로 사용되는 경우가 많습니다.

If절	주절
If + 주어 + should + 동사원형	주어 + will/can/may/should + 동사원형 명령문

If the train **should be** delayed, I **will be** late for the appointment.
혹시 기차가 지연된다면, 내가 약속에 늦을 텐데.

If you **should have** any questions, **do not hesitate** to ask me.
혹시 질문이 있다면, 망설이지 말고 저에게 물어보세요.

A 다음 가정법 문장의 ( ) 안에 들어갈 알맞은 말을 고르세요.

1 If you had apologized, your friend might (forgive / have forgiven) you.

2 If I (had not lost / did not lose) the key, I would have waited inside.

3 If they should find any defect, the production (may stop / may have stopped) at any time.

4 If she had submitted the application, she might (have gotten / had gotten) the job.

5 If it had not been for the failure, he would never (learned / have learned) the lesson.

6 If I (had / had had) more money, I should have bought two boxes.

7 If you should (have / have had) other inquiries, please call this number.

8 If there had been a right candidate, we (will not have worried / would not have worried).

어휘 apologize 사과하다 forgive 용서하다 defect 결함 failure 실패 inquiry 질문, 문의 사항

B 다음 우리말에 맞게 괄호 안의 단어들을 배열하여 문장을 완성하세요.

1 내가 더 좋은 노트북을 구입했다면, 데이터를 더 빨리 처리할 수 있었을 텐데. (purchased, I, had, if)

➡ .... a better laptop, I could have processed the data faster.

2 혹시 티켓이 매진이 된다면, 그녀가 정말 실망할 텐데. (sold, be, out, should)

➡ If the tickets .... , she may be really disappointed.

3 그들이 그 파일을 저장하지 않았다면, 모든 정보를 잃었을 텐데. (have, might, lost)

➡ If they had not saved the file, they .... all the information.

5 여분의 배터리가 없었다면, 그는 손전등을 이용할 수 없었을 텐데. (for, if, been, not, had, it)

➡ .... an extra battery, he could not have used the flashlight.

6 그 우편물이 배달이 되었다면, 우리는 우체국에 연락을 안 했을 텐데. (would not, contacted, have)

➡ If the mail had been delivered, we .... the post office.

7 혹시 문제가 있는 경우, 서비스 직원에게 24시간 연락이 가능합니다. (should, if, be, there)

➡ .... any trouble, a service agent will be available 24 hours a day.

어휘 process 처리하다 sold out 다 팔린, 매진인 flashlight 손전등 deliver 배달하다

If가 생략된 가정법

if절에서 접속사인 if가 생략되면 주어와 동사가 도치된다는 점에 주의해야 합니다.

Ⓐ 가정법 과거의 도치

If the man were in my team, he might not be angry.

→ **Were the man** in my team, he might not be angry.
그 남자가 우리 팀이라면, 화를 내지 않을 텐데.

Ⓑ 가정법 과거완료의 도치

If the employee had known the rule, she would have followed it.

→ **Had the employee known** the rule, she would have followed it.
그 직원이 규칙을 알았더라면, 그것을 따랐을 텐데.

Ⓒ 가정법 미래의 도치

If you should need help, please call the flight attendant.

→ **Should you need** help, please call the flight attendant.
혹시 도움이 필요하시면, 승무원을 부르세요.

기타 가정법 구문

Ⓐ I wish + 가정법

wish 다음에 가정법 시제를 써서 '이루지 못한 소망'을 나타낼 수 있습니다. hope와 wish는 비슷한 의미이기는 하지만, hope 다음에는 일반적인 시제가 사용되어 단순한 바람을 표현하므로 혼동하지 않도록 주의해야 합니다.

- I wish + 주어 + 과거동사: ~하면 좋을 텐데
- I wish + 주어 + had + p.p.: ~했더라면 좋았을 텐데

I wish I did not **have** the problem. 문제가 없다면 좋을 텐데.

I wish I had not **had** the problem. 문제가 없었다면 좋았을 텐데.

Ⓑ that절 + 가정법

주장, 요청, 제안, 충고를 의미하는 동사의 목적어로서 that절이 이어질 때, that절에서는 'should + 동사원형' 형태의 가정법 시제가 사용됩니다. 이때 should는 생략될 수 있습니다.

insist 주장하다	demand 요구하다	
request 요청하다	**advise** 조언하다	that + 주어 + (should) + 동사원형
suggest 제안하다		

They requested that the program **(should) start** immediately.
그들은 즉시 프로그램을 시작해 달라고 요청했다.

● 정답 및 해설 p.044

A   다음 밑줄 친 부분을 if가 생략된 형태로 고쳐 문장을 완성하세요.

1   <u>If we had watched the movie</u>, we could have known the actor.

➡ _____, we could have known the actor.

2   <u>If the product were popular</u>, the sales would increase.

➡ _____, the sales would increase.

3   <u>If the order had been taken correctly</u>, the waiter should have brought us two salads.

➡ _____, the waiter should have brought us two salads.

4   <u>If you should need assistance</u>, please talk to a customer service representative.

➡ _____, please talk to a customer service representative.

5   <u>If it were not for public transportation</u>, the traffic would be terrible.

➡ _____, the traffic would be terrible.

6   <u>If she had received the warning sooner</u>, she could have resolved the issue more easily.

➡ _____, she could have resolved the issue more easily.

> **어휘** correct 맞는, 정확한 assistance 도움 service representative 서비스 직원 public transportation 대중 교통 warning 경고 resolve 해결하다

B   다음 밑줄 친 부분이 맞으면 T, 틀리면 F에 표시하세요.

1   <u>Had they finish the renovation</u>, we could have started working there.   □ T   □ F

2   My manager insisted <u>that the plan should be canceled</u>.   □ T   □ F

3   I wish <u>my coworker will read</u> this article.   □ T   □ F

4   <u>Had she had the experience</u>, she might have known what to do.   □ T   □ F

5   I wish <u>I had purchased</u> a larger television.   □ T   □ F

6   The labor union demands <u>that the company is</u> more cooperative.   □ T   □ F

7   <u>Were Nancy my mentor</u>, I would learn a lot from her.   □ T   □ F

8   <u>Had it not for the e-mail</u>, they might not have believed my words.   □ T   □ F

9   I wish <u>there were more options</u> to choose from.   □ T   □ F

10   The expert advised <u>that the estimate be updated</u> every week.   □ T   □ F

> **어휘** renovation 개조, 수리 article 기사 labor union 노동 조합 cooperative 협조적인 mentor 멘토, 스승 option 선택 사항 expert 전문가 estimate 추정치, 견적

1. If this space ------- available, you could use it at no extra charge.

   (A) is

   (B) were

   (C) would be

   (D) had been

2. If you ------- want a larger budget, you can fill out this form.

   (A) should

   (B) would

   (C) will

   (D) had

3. I wish my coworkers ------- the new work schedule.

   (A) like

   (B) likes

   (C) liked

   (D) will like

4. Had we discussed the matter with Steve, he could ------- us with it.

   (A) help

   (B) helped

   (C) had helped

   (D) have helped

5. If they ------- the security system, they would not have lost the data.

   (A) install

   (B) have installed

   (C) had installed

   (D) could have installed

6. Human Resources suggested that we ------- hire more employees.

   (A) will

   (B) can

   (C) should

   (D) would

7. If my friend ------- the recipe, she would definitely tell me.

   (A) knows

   (B) knew

   (C) has known

   (D) had known

8. I wish there ------- more companies at the automobile convention.

   (A) is

   (B) are

   (C) have been

   (D) had been

9. ------- it not for your support, I could never accomplish my dream.

(A) Were

(B) Is

(C) Would be

(D) Had been

11. The team members insist that Mr. Henderson ------- more reasonable.

(A) be

(B) is

(C) was

(D) were

10. ------- you need further information, please check the following website.

(A) Shall

(B) Should

(C) Will

(D) Would

12. If he ------- a car, he would have given me a ride to the airport.

(A) has

(B) have

(C) has had

(D) had had

어휘

available 이용 가능한

at no extra charge 추가 요금 없이

budget 예산, 경비

fill out (양식을) 작성하다

coworker 직장 동료

matter 일, 문제

security 보안, 안전

install 설치하다

human resources 인사부

suggest 제안하다

recipe 조리법, 요리법

definitely 분명히

automobile 자동차

convention 컨벤션, 대규모 집회

support 지원, 지지

accomplish 성취하다

further 추가의

following 다음의

insist 주장하다

reasonable 합리적인

give a ride 차를 태워 주다

☐ demand	요구하다, 요구	☐ defect	결함
☐ insist	주장하다	☐ defective	결함이 있는
☐ invest	투자하다	☐ license	자격증
☐ accomplish	성취하다	☐ certificate	증명서, 자격증
☐ accomplishment	성취	☐ automobile	자동차
☐ apologize	사과하다	☐ failure	실패
☐ apology	사과	☐ cooperative	협조적인
☐ forgive	용서하다	☐ necessary	필요한
☐ forgiveness	용서	☐ definitely	분명히
☐ inquire	문의하다	☐ representative	대리인, 대표
☐ inquiry	문의	☐ sales representative	판매원
☐ warn	경고하다	☐ flight attendant	승무원
☐ warning	경고	☐ give a ride	차를 태워 주다
☐ estimate	추정치, 추산하다	☐ at no charge	무료로

보카 체크업 주어진 우리말 뜻이 되도록 빈칸을 완성하세요.

1 그들은 이번 분기 그들의 목표를 **달성하기** 위해 노력하고 있다.

➡ They are trying to _____ their goal for this quarter.

2 구매자에게서 온 **문의**는 가능한 한 빨리 응답될 것이다.

➡ The _____ from the buyer will be answered as soon as possible.

3 그 가게는 약간 **결함이 있는** 제품들을 보다 낮은 가격에 판매한다.

➡ The store sells slightly _____ items at a lower price.

4 Duncan 씨는 그 조사에 매우 **협조적**이었다.

➡ Ms. Duncan has been very _____ in the investigation.

5 그 변호사 단체는 **무료로** 서비스를 제공한다.

➡ The group of lawyers provides their service _____ .

6 고객 서비스 부서장이 나에게 **사과** 편지를 보냈다.

➡ The head of customer service department sent me a letter of

_____ .

Actual
Test

· · · · · · · · · · · · ·

PART 5

Directions: A word or phrase is missing in each of the sentences below. Four answer choices are given below each sentence. Select the best answer to complete the sentence. Then mark the letter (A), (B), (C), or (D) on your answer sheet.

---

1. In order to make a -------, you should call the restaurant.

   (A) reserve
   (B) reserving
   (C) reserved
   (D) reservation

2. The man was asked to use ------- credit card to make a purchase.

   (A) he
   (B) him
   (C) his
   (D) himself

3. The director of the committee ------- the winner tomorrow.

   (A) announced
   (B) has announced
   (C) will announce
   (D) was announcing

4. The museum website introduces ------- exhibitions for families.

   (A) upcoming
   (B) missing
   (C) according
   (D) understanding

5. The participants should keep a ------- attitude at all times.

   (A) profession
   (B) professional
   (C) professionally
   (D) professionals

6. ------- restaurants serve special three-course meals at a fixed price.

   (A) Some
   (B) Much
   (C) Each
   (D) Another

7. The trainees need to attend the seminars on ------- Tuesday and Friday.

(A) either

(B) neither

(C) both

(D) not only

8. Your account information cannot be accessed ------- the next ten minutes.

(A) to

(B) for

(C) on

(D) as

9. Ms. Graham gave her lawyer ------- to open her letters.

(A) permission

(B) evaluation

(C) compliment

(D) expectation

10. The baker was very ------- with the customer's reaction.

(A) please

(B) pleases

(C) pleasing

(D) pleased

11. The ------- must be requested three days before the game to receive a full refund.

(A) cancel

(B) canceling

(C) canceled

(D) cancellation

12. Marie enjoys ------- classic films with her friends every Saturday evening.

(A) watch

(B) to watch

(C) watching

(D) watched

13. Giving your phone number to ------- is not always a good idea.

(A) any

(B) some

(C) other

(D) others

14. The engineer will explain the ------- system this afternoon.

(A) updating

(B) updated

(C) update

(D) updates

GO ON TO THE NEXT PAGE

15. Mr. Jones advised those young students to spend time more -------.

(A) effective
(B) effectively
(C) effectiveness
(D) effect

16. Watkinson Services, Inc. made a ------- investment than any other company.

(A) greater
(B) as great
(C) greatly
(D) more greatly

17. It is our new policy for all employees ------- casual clothes on Fridays.

(A) wear
(B) wears
(C) to wear
(D) wearing

18. You need to renew your license before it ------- next month.

(A) purchases
(B) expires
(C) follows
(D) realizes

19. The event schedule will be posted on the wall ------- the elevator.

(A) among
(B) through
(C) beside
(D) about

20. ------- he had changed the battery, the flashlight did not turn on.

(A) Although
(B) Because
(C) Despite
(D) Because of

21. The price of these products ------- a warranty of up to two years.

(A) include
(B) includes
(C) including
(D) inclusion

22. The short film ------- consistent praise for the past six months.

(A) receives
(B) is receiving
(C) will receive
(D) has received

23. The head of the finance team was ------- with the increase in profit.

(A) complicated

(B) interested

(C) advanced

(D) satisfied

24. If there ------- an accident, the tour guide would have called us.

(A) was

(B) were

(C) has been

(D) had been

25. The city is building a new community center ------- will open in July.

(A) which

(B) who

(C) whose

(D) what

26. This manual will show you ------- this coffee machine should be cleaned.

(A) about

(B) how

(C) who

(D) during

27. One of their most important ------- is to keep the workplace safe.

(A) responsibility

(B) responsibilities

(C) responsible

(D) responsibly

28. The company has to take the necessary actions ------- to avoid trouble.

(A) immediately

(B) unusually

(C) fluently

(D) relatively

29. Starland Toys is known for ------- rare antique dolls online.

(A) sell

(B) sells

(C) selling

(D) sold

30. ------- there is a sudden change, we will continue with the original plan.

(A) Yet

(B) Since

(C) If

(D) Unless

PART 5

Directions: A word or phrase is missing in each of the sentences below. Four answer choices are given below each sentence. Select the best answer to complete the sentence. Then mark the letter (A), (B), (C), or (D) on your answer sheet.

1. The new sales promotion ------- next Saturday.

   (A) begin
   (B) began
   (C) has begun
   (D) will begin

2. The name tags are displayed ------- the desk near the entrance.

   (A) in
   (B) on
   (C) for
   (D) of

3. Ms. Porter persuaded those people with her ------- speech about justice.

   (A) impress
   (B) impression
   (C) impressive
   (D) impressively

4. Either the manager ------- the assistant manager will answer your question.

   (A) or
   (B) nor
   (C) and
   (D) but

5. Washing your hands ------- will reduce the risk of catching a cold.

   (A) frequently
   (B) urgently
   (C) nearly
   (D) fortunately

6. I am glad ------- this employee of the year award to Jessica Murphy.

   (A) present
   (B) to present
   (C) presented
   (D) to be present

7. The shipping company will send you an e-mail to confirm the ------- of your order.

(A) deliver
(B) delivery
(C) delivered
(D) delivering

8. The package from Planet K Networks will probably ------- tomorrow.

(A) arrive
(B) arrival
(C) be arrived
(D) to be arrived

9. When he got to the ticket office, there were already no ------- tickets.

(A) considerate
(B) impossible
(C) available
(D) aggressive

10. All my team members must submit the report ------- this Wednesday.

(A) by
(B) until
(C) to
(D) of

11. The CEO has no ------- appointments between 2:30 and 4:30.

(A) schedule
(B) schedules
(C) scheduling
(D) scheduled

12. It seems that the temperature today is ------- lower than usual.

(A) very
(B) a lot of
(C) many
(D) much

13. Luckily, a few ------- in the program were found before the release date.

(A) advantages
(B) performances
(C) defects
(D) expectations

14. The announcement said that the store would close -------.

(A) short
(B) shortly
(C) shorten
(D) shorter

GO ON TO THE NEXT PAGE

15. I think that contacting the human resources department was worth -------.

(A) try
(B) tried
(C) to try
(D) trying

16. This 15-minute break will give ------- a chance to get some fresh air.

(A) they
(B) their
(C) them
(D) themselves

17. The secretary asked me ------- I wanted to leave a message to Mr. Adams.

(A) if
(B) that
(C) who
(D) while

18. South Tree International signed a three-month ------- with PLK Shipping.

(A) contract
(B) contracts
(C) contracting
(D) contracted

19. This quarter's interest rate is higher than ------- of last quarter.

(A) this
(B) that
(C) these
(D) those

20. The company's annual celebration dinner has been ------- finished.

(A) success
(B) successful
(C) successfully
(D) succeeded

21. The clerk ------- to the customer for ordering the wrong item.

(A) forgave
(B) apologized
(C) guaranteed
(D) approved

22. If the salesperson had not forgotten, he ------- me the receipt.

(A) gave
(B) had given
(C) would give
(D) would have given

23. The notice ------- customers of the temporary closure is on the door.

(A) inform

(B) informs

(C) informing

(D) informed

24. Each applicant for the position ------- on Monday or Tuesday last week.

(A) is interviewed

(B) was interviewed

(C) will be interviewed

(D) has been interviewed

25. ------- the argument between the managers, the meeting may be canceled.

(A) Because

(B) Even though

(C) Due to

(D) Since

26. The construction is scheduled to continue for three ------- weeks.

(A) consecutive

(B) recent

(C) practical

(D) cooperative

27. The merchandise in this advertisement ------- on sale since Friday.

(A) has been

(B) have been

(C) be

(D) will be

28. The closer it gets to Christmas, ------- this shopping mall will become.

(A) more crowded

(B) the more crowded

(C) most crowded

(D) the most crowded

29. Rosse Tech, Inc. will hire more engineers ------- the best program in the country.

(A) to developing

(B) for development

(C) to develop

(D) by developed

30. No one in the room had ------- the host needed to open the box.

(A) which

(B) who

(C) that

(D) what

PART 5

Directions: A word or phrase is missing in each of the sentences below. Four answer choices are given below each sentence. Select the best answer to complete the sentence. Then mark the letter (A), (B), (C), or (D) on your answer sheet.

---

1. The director wants ------- more than 50 guests to the party.

   (A) invite
   (B) invitation
   (C) inviting
   (D) to invite

2. The customer ------- the service department about the problem last Thursday.

   (A) contact
   (B) contacts
   (C) contacted
   (D) will contact

3. Every question should be answered ------- before you submit it.

   (A) complete
   (B) completely
   (C) completing
   (D) completed

4. The marketing director will lead a ------- about the new campaign.

   (A) discuss
   (B) discussing
   (C) discussion
   (D) discussed

5. Paul works at the animal shelter on weekends ------- a volunteer.

   (A) as
   (B) to
   (C) of
   (D) despite

6. They were mad since the scratch left ------- damage on the TV screen.

   (A) permanent
   (B) disqualified
   (C) previous
   (D) trustworthy

7. The new employees are preparing for the project by -------.

(A) they
(B) their
(C) them
(D) themselves

8. The conference room will ------- with new furniture and lighting.

(A) renovate
(B) renovation
(C) be renovating
(D) be renovated

9. I bought an older model because it was ------- than the new model.

(A) quiet
(B) quietly
(C) quieter
(D) more quietly

10. All legal documents should be read ------- from beginning to end.

(A) crucially
(B) thoroughly
(C) respectfully
(D) attractively

11. Mr. Robinson's idea was ------- creative nor interesting to most people.

(A) both
(B) either
(C) neither
(D) not only

12. Ms. Lawrence is one of the new accountants ------- Ace Pacific Corporation.

(A) at
(B) on
(C) by
(D) along

13. All visitors must wear ------- gear inside the laboratory.

(A) protect
(B) protective
(C) protectively
(D) protected

14. The introduction of the new product will be ------- until further notice.

(A) mentioned
(B) estimated
(C) concluded
(D) delayed

GO ON TO THE NEXT PAGE

15. Ms. Nelson assembled all those chairs on ------- own.

(A) she

(B) her

(C) they

(D) their

16. My supervisor ------- the analyst for more than ten years.

(A) know

(B) is knowing

(C) has known

(D) have been knowing

17. We are willing to provide more ------- information if you request it.

(A) detail

(B) details

(C) detailing

(D) detailed

18. Mr. Sullivan is considering ------- at the end of this year.

(A) retire

(B) to retire

(C) retiring

(D) to retiring

19. The ------- from the attendants will be handled by the specialists.

(A) inquiries

(B) brochures

(C) signatures

(D) decisions

20. Before signing the document, he reviewed it as ------- as he could.

(A) careful

(B) carefully

(C) care

(D) caring

21. ------- the bad weather, the event will be held as planned.

(A) As

(B) Because of

(C) For

(D) In spite of

22. The ------- that each candidate must have are written on this form.

(A) require

(B) requiring

(C) required

(D) requirements

23. It is ------- butterfly that I have ever seen in my life.

(A) more colorful

(B) the more colorful

(C) most colorful

(D) the most colorful

24. The donations to support the children will be collected ------- the information session.

(A) during

(B) for

(C) while

(D) as

25. The records on his account ------- that the man has two saved addresses.

(A) indicate

(B) indicates

(C) indicating

(D) is indicating

26. The new CEO successfully brought ------- improvement to the company.

(A) eligible

(B) considerable

(C) dedicated

(D) curious

27. The explanation about the changes in their return policy sounds very -------.

(A) confuse

(B) to confuse

(C) confusing

(D) confused

28. The intern is sending an e-mail to a man ------- application has not been completed.

(A) who

(B) whose

(C) whom

(D) that

29. ------- Ms. Wells does not make a mistake, she will definitely win the award.

(A) Due to

(B) Even if

(C) Unless

(D) As long as

30. The committee suggested that this case ------- reviewed as soon as possible.

(A) was

(B) were

(C) be

(D) will be

이강희 지음

포인트만 콕콕!!

토익문법 다지기

이렇게 쉬워도 되나~?

정답 및 해설

다락원

포인트만 콕콕!!

토익문법 다지기

정답 및 해설

다락원

Unit 01 문장의 기본 구조

확인학습 ❶
p.011

A

정답

1.	S: The seminar	V: started
2.	S: Your client	V: might come
3.	S: Something	V: happened
4.	S: We	V: should stay
5.	S: The flight	V: departs
6.	S: The files	V: are
7.	S: My family	V: lived
8.	S: The guests	V: are leaving
9.	S: Those men	V: will remain
10.	S: The patient	V: arrived

해석

1. 세미나는 9시에 시작되었다.
2. 당신의 고객이 언제 올지 모른다.
3. Michael에게 어떤 일이 일어났다.
4. 우리는 프레젠테이션 도중에 조용히 있어야 한다.
5. 런던으로 가는 항공기는 2시 30분에 출발한다.
6. 테이블 위의 파일들은 나의 것이다.
7. 나의 가족은 오랫동안 작은 마을에 살았다.
8. 로비에 있는 손님들은 10분 뒤에 떠난다.
9. 저 사람들은 그 문제에 대해 객관적인 입장을 유지할 것이다.
10. 다리가 부러진 환자가 구급차를 타고 도착했다.

B

정답

1. sleepy
2. attractive
3. is
4. calm
5. happened
6. cold
7. beautiful
8. become
9. succeed
10. exciting

해석

1. 저녁 식사 후에 졸음이 왔다.
2. 새로운 디자인은 매력적으로 보인다.
3. 깃발들이 있는 저 건물은 호텔이다.
4. 표지판에는 "평정심을 잃지 말고 계속하라"라고 적혀 있다.
5. 그 사고는 혼잡한 도로에서 발생했다.
6. 날씨가 여전히 추운 상태였다.
7. 언덕 위의 집은 아름다워 보인다.
8. 그 회사는 합작 회사가 될 것이다.
9. 그 제품은 시장에서 성공할 것이다.
10. 그의 주말 계획은 흥미진진하게 들렸다.

확인학습 ❷
p.013

A

정답

1. the conference
2. my request
3. him / her favorite book
4. three new machines
5. mail
6. two résumés
7. me / any questions

해석

1. William은 Kevin과 함께 컨퍼런스에 참석했다.
2. 관리자는 나의 승인 요청을 받아들였다.
3. Graham 씨는 그에게 자신이 가장 좋아하는 책을 줄 것이다.
4. RHQ 테크놀로지는 올해 새로운 기계 장치 세 대를 구매했다.
5. 우체국은 월요일부터 토요일까지 우편물을 배달한다.
6. 나는 면접 전에 이력서 두 부를 준비해야 한다.
7. 당신은 나의 보고서에 대해 어떠한 질문이라도 할 수 있다.

B

정답

1. you my car
2. us flowers
3. me that document

4. the children her pictures

5. Harry Clark the prize

해석

1. 나는 당신에게 자동차를 빌려 줄 수 있다.

2. 많은 사람들이 우리에게 꽃을 갖다 줄 것이다.

3. 그 서류를 저에게 건네 주시겠어요?

4. 그 여성은 아이들에게 그녀의 사진들을 보여 주었다.

5. 최고경영자는 Harry Clark에게 상을 수여했다.

확인학습 ❸

p.015

A

정답

1. me sad

2. your beverage cold

3. Robert a hero

4. his attempt a mistake

5. the model famous

6. Emma the team leader

7. this idea very interesting

B

정답

1. ⓐ **2.** ⓐ **3.** ⓑ **4.** ⓐ **5.** ⓐ

6. ⓑ **7.** ⓐ **8.** ⓐ **9.** ⓑ **10.** ⓑ

해석

1. 백화점은 새해 첫날에 영업을 한다.

2. 그녀에게 말을 하는 것이 나로서는 항상 어렵다.

3. 그들은 9시에 시작된 회의에 늦었다.

4. 백발의 저 신사는 누구인가요?

5. 나는 두 시간 전에 방을 예약했다.

6. 그들은 비용이 많이 들 것이라는 점을 이해하지 못한다.

7. 도움을 요청하는 것이 유일한 해결책이다.

8. 관광객들은 미술관을 방문하기를 원했다.

9. 문제가 생기면 당신은 나에게 연락해야 한다.

10. 우리는 그가 오늘 서류에 서명할 것이라고 믿는다.

토익 실전연습

p.016

정답

1. (C)	**2.** (B)	**3.** (D)	**4.** (C)	**5.** (D)	**6.** (A)
7. (A)	**8.** (B)	**9.** (C)	**10.** (C)	**11.** (A)	**12.** (D)

1.

이들 새 사무용 의자들의 시트는 편안한 느낌이다.

(A) comfort

(B) comforter

(C) comfortable

(D) comfortably

해설

문장에서 feel 다음에는 주어의 상태를 설명해 주는 형용사가 주격 보어로 와야 한다. 따라서 형용사인 (C)의 comfortable이 정답이 된다.

2.

그들 사이의 계약은 8월 31일에 만료되었다.

(A) expiration

(B) expired

(C) to expire

(D) expiring

해설

빈칸에는 주어인 'The contract'와 어울릴 수 있는 동사가 와야 한다. 보기 중에 동사로 쓰일 수 있는 것은 동사 expire의 과거형 인 expired뿐이므로 정답은 (B)이다.

3.

그 지원자가 이번 프로젝트를 위한 적절한 기술을 가지고 있다.

(A) skillful

(B) skilled

(C) skillfully

(D) skills

해설

문장의 동사인 have는 '가지다'라는 뜻으로 목적어를 필요로 하는 데, 보기 중에서 명사인 (D)의 skills가 have의 목적어로 사용될 수 있다.

4.

우리는 Plantis 인터내셔널이 우리 경쟁사라는 것을 인정한다.

(A) be
(B) to be
(C) is
(D) being

[해설]

'인정하다'라는 뜻의 동사 acknowledge 다음에 목적어로 that절이 오는 문장이다. that절 안에는 주어와 동사가 들어가야 하므로 빈칸에는 동사 is가 와야 한다. 따라서 정답은 (C)이다.

5.

그들은 주요 안건에 대해 마침내 합의에 이르렀다.

(A) went
(B) worked
(C) stayed
(D) reached

[해설]

빈칸 뒤에 명사인 'an agreement'가 있는데, 이는 목적어이므로 빈칸에는 목적어를 취할 수 있는 타동사가 들어가야 한다. go와 work는 목적어가 필요 없는 1형식 문장에 쓰이는 동사이고, stay는 보어를 필요로 하는 2형식 문장에 쓰이는 동사이다. 따라서 목적어가 필요한 타동사로서 문장의 전체적인 내용과도 어울리는 (D)의 reached가 정답이 된다.

6.

Lisa에 따르면, 그 관리자는 업무를 쉽게 만들 것이다.

(A) easy
(B) easiness
(C) ease
(D) eased

[해설]

5형식 동사인 make는 목적격보어를 필요로 한다. 보어로 사용될 수 있는 품사는 명사와 형용사인데, 목적어의 상태를 설명하기 위해서는 형용사가 사용되어야 한다. 따라서 정답은 (A)이다.

7.

우리의 연구는 스마트폰의 판매가 증가했음을 보여 준다.

(A) shows
(B) showing
(C) to show
(D) shown

[해설]

빈칸에는 문장의 동사가 와야 하는 자리인데, 보기 중에서 동사는 (A)의 shows뿐이다. 빈칸 뒤의 that절은 명사절로서 문장의 목적어 역할을 하고 있다.

8.

그 남자는 나에게 그림을 매우 좋은 가격으로 판매했다.

(A) to painting
(B) the painting
(C) to paint
(D) painted

[해설]

빈칸 앞의 대명사 me는 간접목적어이며, 빈칸에는 동사 sold의 대상이 되는 직접목적어가 와야 한다. 보기 중에서 목적어 자리에 올 수 있는 것은 명사인 (B)의 the painting뿐이다.

9.

우리 사업에서 가장 중요한 것은 고객 만족이다.

(A) satisfy
(B) satisfied
(C) satisfaction
(D) satisfactory

[해설]

be동사 is 다음에는 주격보어로 명사나 형용사가 올 수 있다. 빈칸에는 고객들의 '만족'이라는 뜻의 명사가 쓰여야 하므로 정답은 (C)의 satisfaction이다.

10.

그 인터넷 회사는 역내의 서비스를 개선했다.

(A) serviced
(B) servicing
(C) service
(D) to service

[해설]

빈칸은 동사 improved의 목적어가 와야 하는 자리이다. 보기 중에서 목적어 자리에 올 수 있는 것은 명사이면서 문맥과도 잘 어울리는 것은 (C)의 service이다.

11.

사무실에 있는 모든 사람들은 새로운 소프트웨어가 편리하다는 것을 알게 될 것이다.

(A) find
(B) give
(C) look
(D) like

[해설]

동사 다음에 목적어인 'the new software'와 목적격보어인 convenient가 오는 문장 구조이므로 빈칸에는 5형식 동사가 와야 한다. 따라서 5형식 동사인 (A)의 find가 정답이 된다.

12.

그 임원은 최근의 문제에 대한 자신의 결론을 우리에게 보냈다.

(A) concluding
(B) conclude
(C) conclusive
(D) conclusion

[해설]

동사 send는 대표적인 4형식 동사로서, 빈칸에는 직접목적어가 와야 한다. 따라서 명사인 (D)의 conclusion이 정답이 된다.

✓ 보카 체크업
p.018

[정답]

1. for a long time
2. discuss the contract
3. late for the reservation
4. as of last Saturday
5. the candidate's signature
6. According to the rumor

Unit 02 명사

확인학습 ❶
p.021

A

[정답]

1. news
2. scratch
3. some coffee
4. strange habit
5. application forms
6. salt
7. some fresh air
8. newspaper
9. information
10. new items

[해석]

1. 나는 뉴스를 들었다.
2. 화면에 긁힌 자국이 있다.
3. 그들은 커피숍에서 커피를 샀다.
4. 나의 친구는 이상한 버릇을 갖고 있다.
5. 그녀가 당신에게 세 부의 지원서를 갖다 줄 것이다.
6. 그는 나에게 소금을 건네 주었다.
7. 우리에게는 신선한 공기가 필요하다.
8. 그 소년은 매일 아침 신문을 배달한다.
9. 나는 이 책에서 정보를 찾았다.
10. 당신에게는 10개의 신제품이 필요할 것이다.

B

[정답]

1. two stories
2. many accidents
3. a lot of sandwiches
4. some children
5. three deer
6. lots of women
7. a few knives
8. several salespeople

9. a number of activities

10. any fees

1. 그녀는 나에게 한 가지 이야기를 말해 주었다.
   → 그녀는 나에게 두 가지 이야기를 말해 주었다.

2. 한 건의 사고가 있었다.
   → 여러 건의 사고들이 있었다.

3. 그는 점심으로 샌드위치 하나를 먹었다.
   → 그는 점심으로 여러 개의 샌드위치를 먹었다.

4. 그들은 한 명의 어린이를 초대했다.
   → 그들은 여러 명의 어린이들을 초대했다.

5. 나는 동물원에서 한 마리의 사슴을 보았다.
   → 나는 동물원에서 세 마리의 사슴을 보았다.

6. 우리는 한 여성에게 말을 걸었다.
   → 우리는 여러 명의 여성들에게 말을 걸었다.

7. 우리는 칼 한 자루를 사용할 것이다.
   → 우리는 여러 자루의 칼을 사용할 것이다.

8. 여기 한 명의 판매원이 있다.
   → 여기 여러 명의 판매원들이 있다.

9. 하나의 활동이 있을 것이다.
   → 여러 가지의 활동들이 있을 것이다.

10. 그것에는 이용료가 없다.
    → 그것에는 어떠한 이용료도 없다.

확인학습 ❷

p.023

A

정답

1. 가산명사

2. 불가산명사

3. 불가산명사

4. 가산명사

5. 불가산명사

6. 가산명사

7. 가산명사

8. 불가산명사

9. 불가산명사

10. 가산명사

B

정답

1. difference

2. advisor

3. decision

4. kindness

5. attention

6. assistant

7. resident

8. employee

9. interviewer

10. competitors / competition

해석

1. 차이점이 상당히 명확하다.

2. 당신은 조언자를 만나야 한다.

3. 선임 의원들이 마침내 결정을 내렸다.

4. 나는 그의 친절함에 감사한다.

5. 모든 사람은 집중해야 한다.

6. Henry는 어시스턴트 일자리를 구했다.

7. 이 정보는 신규 거주자를 위한 것이다.

8. 매니저가 이달의 직원을 발표했다.

9. 면접관은 지원자에게 다섯 가지의 질문을 했다.

10. 모든 참가자들은 대회에 등록해야 한다.

확인학습 ❸

p.025

A

정답

1. ⓑ 2. ⓐ 3. ⓓ 4. ⓑ 5. ⓒ
6. ⓒ 7. ⓐ 8. ⓓ

해석

1. 컴퓨터 기사가 새로운 프로그램을 설치했다.

2. 그 사업은 매우 성공했다.

3. 이것은 좋은 투자가 될 것이다.

4. 그 고객은 상점에서 환불을 받았다.

5. 우리는 인터넷에서 몇 가지 선물을 주문했다.

6. 그녀가 로비에서 나를 기다리고 있다.

7. 나의 변호사가 오후에 전화할 것이다.

8. 사무실의 모든 사람이 그를 Michael이라고 부른다.

B

1. ⓐ, ©

2. ©

3. ⓑ

4. ⓐ, ⓑ

5. ⓑ

6. ⓐ, ⓑ

7. ©

8. ⓐ, ©

9. ⓐ, ⓑ

10. ⓑ, ©

1. 나는 (하나의 / 또 다른) 오류를 방금 발견했다.

2. 컵에 물이 거의 없다.

3. 그들은 몇 가지 아이디어를 제안했다.

4. 서랍 속에 펜이 (몇 자루 있다 / 거의 없다).

5. 그녀는 또 다른 질문을 했다.

6. 우리는 자금을 (많이 / 전혀) 받지 못했다.

7. 그들은 대부분의 지역에서 인기가 있다.

8. (소수의 / 많은) 사람들이 홀에 모였다.

9. (모든 / 각각의) 페이지에 두 장의 사진이 있다.

10. (약간의 / 더 적은) 시간이 걸릴 것이다.

토익 실전연습   p.026

1. (B)	**2.** (D)	**3.** (A)	**4.** (C)	**5.** (B)	**6.** (D)
7. (B)	**8.** (A)	**9.** (C)	**10.** (D)	**11.** (D)	**12.** (A)

1.

그 공장은 더 많은 부품을 생산하기 위해 새로운 기계 장치를 구매했다.

(A) machinery

(B) machine

(C) machines

(D) merchandise

빈칸 앞에 부정관사인 a가 있으므로 단수가산명사를 정답으로 골라야 하는데, 보기 중에서 단수가산명사는 (B)의 machine뿐이다. (A)의 machinery와 (D)의 merchandise는 모두 불가산명사이다.

2.

그 광고는 행사의 많은 참가자들에게 매력적이었다.

(A) attention

(B) attendance

(C) attendant

(D) attendants

빈칸 앞의 'a number of'는 '많은'이라는 뜻으로 가산복수명사 앞에 쓰인다. 보기 중에서 가산복수명사는 (D)의 attendants뿐이다.

3.

각각의 직원은 상사와 면담을 하게 될 것이다.

(A) employee

(B) employment

(C) employers

(D) employ

each는 가산단수명사 앞에 사용되는 수량 표현이다. 따라서 (A)의 employee가 정답이 된다.

4.

Wilson 씨는 캐비닛 안에 있는 모든 서류를 찾아보았다.

(A) several

(B) a lot of

(C) every

(D) most

빈칸 뒤의 document는 가산명사인데 단수의 형태이다. 그러므로 가산단수명사 앞에 올 수 있는 수량 표현인 (C)의 every가 정답이 된다.

5.

모든 지원자들은 이메일로 결과를 받을 것이다.

(A) applicant

(B) applicants

(C) apply

(D) application

해설

visitors는 가산복수명사이므로 불가산명사를 수식하는 수량표현인 (B)의 a little과 (D)의 much는 정답에서 제외된다. (C)의 every도 복수명사 앞에서는 사용될 수 없다. 정답은 (A)이다.

✓ 보카 체크업   p.028

정답

1. compliment
2. customer
3. a number of
4. application form
5. equipment
6. employees

Unit 03 대명사

확인 학습 ❶   p.031

A

정답

1. ⓑ   **2.** ⓒ   **3.** ⓔ   **4.** ⓐ   **5.** ⓓ

6. ⓑ   **7.** ⓒ

해석

1. 이것들은 나의 의무이다.
2. 모든 사람들이 나에 대해 걱정한다.
3. 나는 혼자서 의자들을 옮겼다.
4. 컨퍼런스 전에, 나는 점심 식사를 했다.
5. 다음 기회는 나의 것이 될 것이다.
6. 그들이 나의 프로젝트를 평가할 것이다.
7. Paula는 그녀의 결혼식에 나를 초대했다.

B

정답

1. himself / ⓒ
2. herself / ⓐ
3. themselves / ⓐ
4. herself / ⓑ
5. itself / ⓑ

해석

1. Morris 씨는 혼자 주말을 보냈다.
2. Jessica는 자기 자신을 지도자라고 생각한다.
3. Perry 부부는 스스로를 돌볼 수 있다.
4. Jones 씨는 직접 편지를 작성했다.
5. 결과는 재난 그 자체였다.

확인 학습 ❷   p.033

A

정답

1. These
2. some
3. these

4. any

5. those

[해석]

1. 이것들은 임시적인 직책들이다.

2. 후식을 보세요. 제가 몇 가지 갖다 드릴게요.

3. 나의 동료는 상점에서 이 램프들을 샀다.

4. Wendy는 많은 오류를 발견했지만, 아무것도 고치지 않았다.

5. SRC 사의 공장들이 Wilson 산업의 그것들보다 더 크다.

B

[정답]

1. any

2. the other

3. other

4. Some / others

5. one / another / the others

확인학습 ❸ p.035

A

[정답]

1. ⓐ **2.** ⓑ **3.** ⓐ **4.** ⓐ **5.** ⓐ

6. ⓑ **7.** ⓐ **8.** ⓑ

[해석]

1. 그 고객은 내 사무실에 전화했고, 나에게 질문을 했다.

2. 내 친구와 나는 상자를 개봉했지만, 그 안에는 아무것도 없었다.

3. Kimble 부부는 영국 출신이다. 그들은 영국식 억양을 가지고 있다.

4. 그 점원은 나의 고모에게 인사했고, 그는 그녀에게 할인을 해주었다.

5. 당신은 당신의 팀원들에게 직접 말해야 한다.

6. 당신은 이 책들에서 정보를 찾을 수 있다. 당신은 그것들을 읽어야 한다.

7. 셔틀은 5시에 역에 도착했고, 그것은 30명의 승객을 태우고 있었다.

8. 면접관은 나와 다른 지원자들에게 우리의 꿈에 대해 물어보았다.

B

[정답]

1. her colleagues

2. its new branch

3. they are

4. his desk

5. like them

6. by herself

7. its title is

8. himself

[해석]

1. 나는 은행에서 Emily와 그녀의 동료들을 보았다.

2. 그 회사는 5월에 새로운 지점을 오픈할 것이다.

3. 이들은 나의 동업자인데, 매우 친절하다.

4. Johnson 씨는 그의 책상에 파일을 놓아두었다.

5. 이 가위는 오래되었지만, 나는 그것을 좋아한다.

6. 그 여자는 혼자서 스페인을 여행했다.

7. 이것은 내가 가장 좋아하는 영화로, 제목은 *인생은 아름다워*이다.

8. 의장이 직접 그 회의를 취소했다.

토익 실전연습 p.036

[정답]

1. (A)	**2.** (B)	**3.** (A)	**4.** (C)	**5.** (C)	**6.** (D)
7. (D)	**8.** (D)	**9.** (C)	**10.** (D)	**11.** (B)	**12.** (C)

1.

나는 시장에게 전화했고, 그는 즉시 전화를 받았다.

(A) he

(B) his

(C) she

(D) her

[해설]

빈칸에는 Mr. Mayor를 지칭하는 주격 인칭대명사가 와야 하는데, Mr. Mayor는 남성이므로 정답은 (A)이다.

2.

우리는 고객들에게 30퍼센트의 할인을 제공했다.

(A) we

(B) our

(C) us

(D) ourselves

해설

빈칸의 위치가 명사의 앞이므로, 소유격 인칭대명사를 골라야 한다. 따라서 정답은 (B)이다.

3.

세 명의 지원자들 중에서, 우리 부서는 한 명을 선택할 것이다.

(A) one

(B) it

(C) another

(D) the other

해설

세 명의 지원자들 중 한 명을 선택할 것이라는 의미가 되어야 하는데, '정해지지 않은 하나'를 의미하는 부정대명사는 one이다. 따라서 정답은 (A)이다.

4.

Louis 씨가 내게 의견을 말한 다음에 나는 그에게 내 의견을 말했다.

(A) I

(B) my

(C) mine

(D) me

해설

빈칸에는 목적어가 와야 하므로 (C)와 (D) 중에서 정답을 골라야 한다. 문맥상 '나의 의견'이라는 의미가 되어야 하므로 소유대명사인 (C)의 mine이 정답이 된다.

5.

이 로봇청소기들은 5월 10일에 할인 가격으로 판매될 것이다.

(A) They

(B) That

(C) These

(D) This

해설

지시형용사를 고르는 문제이다. 빈칸 뒤의 'robot cleaners'가 복수명사이므로 정답은 (C)의 these이다. 빈칸 바로 뒤의 단어인 robot을 보고 (D)의 this를 정답으로 고르는 실수를 하지 말아야 한다.

6.

가장 중요한 것은 내용 그 자체이다.

(A) that

(B) it

(C) its

(D) itself

해설

빈칸을 제외하더라도 문장이 성립하므로, 빈칸에 올 수 있는 것은 재귀대명사인 (D)의 itself뿐이다.

7.

WSQ 사는 새로운 제품을 출시했고, 그것의 디자인은 혁신적이었다.

(A) itself

(B) yours

(C) theirs

(D) its

해설

빈칸 뒤에 명사인 design이 있으므로 빈칸에는 소유격이 와야 한다. 따라서 정답은 (D)이다.

8.

취업률은 지난 분기의 그것보다 낮다.

(A) these

(B) those

(C) this

(D) that

해설

이미 언급된 대상을 반복해서 언급할 때 사용되는 지시대명사는 that과 those이다. 빈칸에 들어갈 지시대명사가 지칭하는 것은 'the employment rate'인데, 이는 단수로 취급해야 하므로 정답은 (D)의 that이다.

9.

Oliver 씨와 그녀의 남편은 마지막 결정을 내리기 전에 조건을 검토했다.

(A) her
(B) his
(C) their
(D) its

해설

문장의 주어가 'Ms. Oliver and her husband'이므로 복수형 인칭대명사의 소유격인 (C)의 their가 정답이다.

10.

당신의 팀원들은 업무를 스스로 완수하지 못했다.

(A) yourselves
(B) yourself
(C) himself
(D) themselves

해설

'혼자서, 혼자 힘으로'라는 뜻의 'by + 재귀대명사' 표현을 묻는 문제이다. 'your team members'를 가리키는 재귀대명사를 써야 하므로 정답은 (C)의 themselves이다.

11.

회의 후, 나는 최신 제안서를 그녀에게 보낼 것이다.

(A) she
(B) her
(C) hers
(D) herself

해설

빈칸은 간접목적어 자리이므로 대명사의 목적격이 와야 한다. 따라서 정답은 (B)이다.

12.

다른 의견을 갖고 있다면 손을 들어 주세요.

(A) one
(B) another
(C) other
(D) others

해설

적절한 부정형용사를 고르는 문제인데, 보기 중에서 복수명사인 comments 앞에 올 수 있는 부정형용사는 other 뿐이다. 따라서 정답은 (C)의 other이다.

✓ 보카 체크업 p.038

정답

1. 나는 컴퓨터 프로그램에서 또 다른 오류를 발견했다.
2. 그 연구소는 다음 주에 창립 20주년을 기념할 것이다.
3. Daniel은 다른 사람들 앞에서 나의 발음을 바로잡았다.
4. 그 엔지니어는 혼자서 전원을 켤 수 없었다.
5. 우리는 다음 달에 더 많은 임시직 직원들을 고용할 것이다.
6. Larry는 혼자 힘으로 자신의 가족을 돌봤다.

Unit 04 형용사 / 부사

확인학습 ❶

p.041

A

정답

1. impressive
2. critical
3. useless
4. reliable
5. specific
6. wealthy
7. useful
8. reasonable
9. convenient
10. Significant

B

정답

1. ⓑ 2. ⓐ 3. ⓐ 4. ⓑ 5. ⓒ
6. ⓐ 7. ⓒ 8. ⓐ

해석

1. 이 기념품은 나에게 정말로 소중하다.
2. 뉴욕이 우리의 최종 목적지이다.
3. 인터넷 서비스에 대한 요금은 매달 있다.
4. 나는 그때 절망적인 느낌이었다.
5. Frank의 유머는 그를 계속 인기 있게 해 준다.
6. 그녀는 국내선 항공편의 티켓을 구매했다.
7. 최고경영자는 그 계획이 매력적이라는 것을 알게 될 것이다.
8. 그는 추가 할인을 받았다.

확인학습 ❷

p.043

A

정답

1. safely
2. successful
3. serious
4. responsibly
5. finally
6. available
7. carelessly
8. quiet
9. Fortunately
10. especially

해석

1. 경비원이 안전하게 건물을 잠갔다.
2. 매우 성공적인 해였다.
3. 이것은 심각한 문제를 일으킬 수도 있다.
4. 당신은 신용카드를 책임감 있게 사용해야 한다.
5. 회장이 마침내 결정을 내렸다.
6. 이 좌석들은 20달러에 판매 중이다.
7. Stevenson 씨는 비밀번호를 부주의하게 설정했다.
8. Grace는 회의 동안에 조용해 보였다.
9. 운 좋게도, 상점에서 나에게 환불을 해 주었다.
10. 그 후보자는 특히 그래픽 디자인 실력이 뛰어났다.

B

정답

1. left
2. different
3. I do not support their idea
4. hit
5. fast

해석

1. 부팀장이 사무실을 막 떠났다.
2. 두 전문가들의 시각에는 상당히 차이가 있다.
3. 사실, 나는 그들의 아이디어를 지지하지 않는다.
4. 금융 위기가 경제를 강타했다.
5. 시장 추세는 정말로 빠르게 변화한다.

확인학습 ❸

p.045

A

정답

1. available
2. satisfied
3. similar

4. aware

5. familiar

6. responsible

해석

1. 회의실은 모두가 사용 가능하다.

2. 나는 판매로 인한 수익에 만족한다.

3. 저 디자인은 이 잡지에 있는 것과 비슷하다.

4. 그 노동자들은 위험에 대해 잘 알고 있다.

5. Linda는 전문가이다. 그녀는 회계를 알고 있다.

6. 실패에 대한 책임은 팀 전체에 있다.

B

정답

1. hardly

2. resectful

3. late

4. is never

5. considerable

6. favorable

해석

1. 그들은 서로를 잘 알지 못한다.

2. 우리는 다른 멤버들에게 공손해야 한다.

3. 우리의 동업자가 보낸 소포가 너무 늦게 도착했다.

4. Janet은 결코 아무것도 틀리지 않는다.

5. 그는 프로젝트에 상당한 시간을 썼다.

6. 나의 상사는 내 보고서에 호의적인 의견을 남겼다.

토익 실전연습 p.046

정답

1. (A)	2. (C)	3. (C)	4. (D)	5. (D)	6. (B)
7. (C)	8. (A)	9. (A)	10. (B)	11. (D)	12. (B)

1.

남색 양복을 입은 판매원이 초조하게 전화 통화를 하고 있다.

(A) nervously

(B) friendly

(C) costly

(D) noisy

해설

바로 앞의 동사구인 'is talking'을 수식할 수있는 부사를 정답으로 골라야 한다. 보기 (A), (B), (C)는 모두 '-ly'로 끝나지만, '명사 + -ly' 형태인 (B), (C)는 형용사이다. 정답은 (A)인데, '형용사 + -ly' 는 전형적인 부사의 형태이다.

2.

그들은 문제를 해결하기 위해 추가적인 도움을 필요로 할지도 모른다.

(A) add

(B) addition

(C) additional

(D) additionally

해설

빈칸 뒤의 help는 명사이므로 빈칸에는 형용사가 와야 한다. 보기 중에서 형용사는 (C)의 additional이다. 형용사형 어미인 '-al'을 기억해 두자.

3.

마침내, 관리자는 지원자들과의 면접을 끝냈다.

(A) Hard

(B) Hardly

(C) Finally

(D) Final

해설

빈칸에는 문장 전체를 수식할 수 있는 부사가 와야 한다. 보기 중에서 부사는 (B)와 (C)인데, 의미상 '마침내'라는 뜻인 (C)의 finally 가 빈칸에 오는 것이 가장 적절하다. 참고로 hardly는 문장의 맨 앞에서 콤마와 함께 사용되지 않는다.

4.

나는 컴퓨터 소프트웨어가 쓸모 없다는 것을 알게 되어서 그것을 삭제했다.

(A) use

(B) using

(C) useful

(D) useless

해설

문장의 동사인 find는 5형식 동사로서, 빈칸에는 목적격 보어가 와야 하므로 형용사를 정답으로 골라야 한다. 빈칸 뒤의 내용이 '그 것을 삭제했다'는 의미이므로 '쓸모 없다'는 뜻의 useless가 정답이 된다.

5.

Stewart 교수는 마케팅 분야에서 많은 존경을 받고 있다.

(A) high
(B) higher
(C) highest
(D) highly

해설

빈칸에는 형용사인 'respected'를 수식하는 역할을 하는 단어가 와야 하는데, 형용사를 꾸밀 수 있는 것은 부사이므로 정답은 (D)의 highly이다. (A)의 high가 부사로 쓰이면 '높게'라는 뜻이기 때문에 이는 의미상 정답이 될 수 없다.

6.

그들은 모금 행사에서 상당한 액수의 돈을 기부했다.

(A) significance
(B) significant
(C) significantly
(D) signify

해설

보기 중에서 빈칸 뒤의 명사를 꾸밀 수 있는 것은 형용사인 (B)의 significant뿐이다.

7.

긴 주말 연휴 동안, 사무용 빌딩은 거의 비어 있었다.

(A) shortly
(B) short
(C) nearly
(D) near

해설

빈칸 뒤의 empty는 형용사이므로, 적절한 의미의 부사를 정답으로 골라야 한다. 사무실용 빌딩이 '거의' 비어 있었다는 의미가 되어야 자연스러운 문장이 완성되므로 정답은 (C)의 nearly이다. shortly(곧), short(짧게), near(가까이에)는 모두 의미상 적절하지 않다.

8.

Larry는 그의 직장에 만족하고 있어서 전혀 불평하지 않는다.

(A) never
(B) soon
(C) also
(D) very

해설

because 뒤의 내용이 '그는 그의 직장에 만족한다'는 내용이기 때문에, 주절의 내용이 '불평하지 않는다'는 의미가 되어야 한다. 따라서 정답은 (A)의 never이다.

9.

우리는 현 상황의 심각성을 잘 알고 있다.

(A) aware
(B) responsible
(C) critical
(D) similar

해설

형용사 관용 표현을 묻는 문제로, 빈칸 앞의 well이 없다고 생각하면서 정답을 골라야 한다. 'be _____ of' 형태를 보고 형용사 관용 표현 'be aware of(~을 알고 있다)'를 생각해 낼 수 있어야 한다. 정답은 (A)이다.

10.

Mark's 식료품점은 합리적인 가격에 신선한 야채를 판매하고 있다.

(A) reason
(B) reasonable
(C) reasoning
(D) reasonably

해설

명사인 prices를 수식하려면 형용사인 (B)의 reasonable이 빈칸에 와야 한다.

11.

Brandon은 조심스럽게 병을 운반했지만, 도중에 그것을 떨어뜨렸다.

(A) care
(B) caring
(C) careful
(D) carefully

해설

동사 carried를 수식하기 위해서는 부사가 필요한데, 보기 중에서 부사는 (D)의 carefully이다.

12.

이것은 기밀 정보이므로, 우리는 공개적으로 그것을 논의할 수 없다.

(A) confident
(B) confidential
(C) confidently
(D) confidentially

해설

빈칸에는 명사 information을 수식할 수 있는 형용사가 와야 하므로 (A)의 confident와 (B)의 confidential 중에서 정답을 골라야 한다. (A)의 confident는 '자신감 있는', '확신하는'이라는 뜻인데, 이는 정보(information)를 수식하기에는 적절하지 않다. 따라서 '기밀의', '비밀의'라는 뜻의 confidential이 정답이다.

✓ 보카 체크업
p.048

정답

1. ⓐ
2. ⓑ
3. ⓑ
4. ⓑ
5. ⓐ
6. ⓑ

Unit 05 동사의 시제

확인학습 ❶
p.051

A

정답

1. T **2.** F **3.** F **4.** T **5.** F **6.** T
7. T **8.** F

해석

1. Chloe는 종종 그녀의 점심을 직접 가져온다.
2. 화재 경보기가 30분 전에 울렸다.
3. 나의 동료는 다음 주에 휴가를 간다.
4. 그 회사의 본사는 현재 서울에 있다.
5. Forkland 사는 작년에 새로운 공장을 지었다.
6. 그 백화점은 그때 매우 붐볐다.
7. 그들은 곧 결과를 발표할 것이다.
8. 새로운 직원들이 어제 오리엔테이션에 참석했다.

B

정답

1. deleted
2. will cancel / am going to cancel
3. focuses
4. react
5. wrote
6. checks
7. will be / is going to be
8. found

확인학습 ❷
p.053

A

정답

1. was packing
2. will be slowing
3. is showing
4. next Tuesday
5. are moving

6. was receiving

7. am working

8. will be resting

9. at the moment

10. was reading

해석

1. 그는 어제 8시에 여행 가방 짐을 싸고 있었다.

2. 내년에는 성장률이 둔화되고 있을 것이다.

3. 판매원이 지금 그녀에게 식기 세척기를 보여 주고 있다.

4. 그들은 다음 주 화요일에 Faliis 씨를 인터뷰하고 있을 것이다.

5. 당신의 동료들은 지금 상자를 옮기는 중이다.

6. Robert는 지난 목요일에 교육을 받고 있었다.

7. 나는 지금 마케팅 부서와 함께 일하고 있다.

8. Amanda는 내일 해변에서 쉬고 있을 것이다.

9. 위원회는 지금 중요한 결정을 하는 중이다.

10. 내가 사무실에 들어갔을 때 Eric은 신문을 읽고 있는 중이었다.

B

정답

1. is increasing

2. will be inspecting

3. was explaining

4. were following

5. will be reviewing

6. are expressing

확인 학습 ❸

p.055

A

정답

1. have discussed

2. has broken

3. has never answered

4. have already gathered

5. has forgotten

해석

1. 우리는 이 문제를 두 번 논의했다.

2. Patrick은 나에게 했던 약속을 깼다.

3. Jennifer는 나의 질문들에 답변한 적이 없다.

4. 회원들은 이미 방에 모였다.

5. Vincent 씨는 계좌 번호를 잊어버렸다.

B

정답

1. has commented

2. for

3. began

4. will have completed

5. since

6. submitted

7. had reviewed

해석

1. 책임자가 이미 그것에 대해 논평했다.

2. Nick은 세 시간이 넘도록 책상에서 떠나지 않았다.

3. 컨퍼런스는 10분 전에 시작되었다.

4. 나는 다음 주 금요일까지 프로젝트를 마칠 것이다.

5. Travia 인터내셔널은 2000년부터 선도적인 업체였다.

6. Tyler는 6월 13일에 보고서를 제출했다.

7. Alice는 회의 전에 데이터를 검토했다.

토익 실전연습

p.056

정답

1. (B)	2. (C)	3. (A)	4. (C)	5. (A)	6. (A)
7. (D)	8. (D)	9. (B)	10. (C)	11. (B)	12. (D)

1.

연구 센터는 지금 설문을 실시하고 있다.

(A) conducts

(B) is conducting

(C) will conduct

(D) has conducted

right now가 현재의 시점을 의미하기 때문에 빈칸에는 현재진행 시제가 와야 한다. 따라서 정답은 (B)이다.

2.
그 상점은 어제 나에게 배송 일정표를 보내 주었다.

(A) send
(B) sends
(C) sent
(D) has sent

문장 끝에 과거를 의미하는 표현인 yesterday가 있으므로 동사 역시 과거시제여야 한다. 정답은 (C)의 sent이다.

3.
낮 동안에 인터넷 연결이 가끔씩 끊어진다.

(A) fails
(B) is failing
(C) to fail
(D) failing

빈칸은 동사 자리이므로 동사가 아닌 (C)와 (D)는 정답에서 제외된다. 'during the day'는 '낮 동안에'라는 뜻으로 기간을 의미하기 때문에 현재시제인 (A)의 fails가 정답이 된다. 참고로 (B)의 is failing은 현재진행형이므로 시점을 나타내는 표현과 함께 쓰일 수 있다.

4.
Allison은 3월부터 기획위원회에서 근무하고 있다.

(A) serves
(B) will serve
(C) has served
(D) will have served

'since + 시점'은 현재완료와 함께 사용되는 표현이다. 따라서 정답은 (C)의 has served이다.

5.
그들은 다음 주 월요일에 입구를 장식할 것이다.

(A) will decorate
(B) is decorating
(C) has decorated
(D) decorates

'sometime next Monday'는 '다음 주 월요일의 언젠가'라는 뜻으로 미래를 의미하는 표현이다. 따라서 동사 또한 미래시제인 (A)의 will decorate가 되어야 한다.

6.
Brendale 극장은 수리 후 3일 전에 다시 문을 열었다.

(A) reopened
(B) has reopened
(C) reopens
(D) was reopening

빈칸 뒤에 과거 특정 시점을 의미하는 'three days ago'가 있으므로 과거시제인 (A)의 reopened가 정답이 된다.

7.
Pearson 씨는 내일 이 시간에 공장 견학을 이끌 것이다.

(A) leads
(B) has led
(C) will have led
(D) will be leading

'at this time tomorrow'는 미래의 특정 시점을 의미하므로, 보기 중에서 미래진행형인 (D)의 will be leading이 빈칸에 오는 것이 가장 적절하다.

8.
시장이 이미 신규 시설의 건설을 승인했다.

(A) approves
(B) will approve
(C) is approving
(D) has approved

already는 '이미'라는 뜻으로 현재완료와 함께 사용되는 표현이다. 정답은 (D)의 has approved이다.

9.
건설 노동자가 지금 3층을 점검하고 있다.

(A) was inspecting
(B) is inspecting
(C) will inspect
(D) has inspected

'at the moment'는 현재의 시점을 의미하는 표현이므로 현재진행형인 (B)의 is inspecting이 정답이다.

10.
다행스럽게도, Joanna와 Dan은 전기가 나가기 전에 파일을 다운로드했다.

(A) download
(B) has downloaded
(C) had downloaded
(D) will have downloaded

파일을 다운로드한 것이 전기가 나간 것보다 먼저 발생한 일이다. 그런데 전기가 나간 것의 표현이 'the power went out'으로 과거를 나타내므로, 파일을 다운로드했다는 내용은 과거보다 한 시제 앞선 과거완료시제가 되어야 한다. 따라서 정답은 (C)이다.

11.
Hamilton 씨가 사무실에 도착했을 때 그의 비서는 전화를 걸고 있었다.

(A) is making
(B) was making
(C) has made
(D) will make

'when + 과거절'은 과거의 특정 시점을 의미한다. 따라서 과거진행형인 (B)의 was making이 정답이 된다.

12.
우리 팀은 다음 주가 끝날 때쯤이면 소비자 보고서를 발표했을 것이다.

(A) publishes
(B) published
(C) has published
(D) will have published

'by the end of next year'가 미래의 시점을 의미하고 있다. 미래 특정 시점에 완료되어 있을 일을 표현해야 하므로 미래완료시제인 (D)가 정답이 된다.

p.058

1. am organizing my thoughts
2. has taken off
3. at the moment
4. made a decision
5. is going to conduct
6. will approve the budget

확인학습 ❶

p.061

A

[정답]

1. ⓑ 2. ⓐ 3. ⓑ 4. ⓐ 5. ⓑ
6. ⓑ 7. ⓐ 8. ⓐ

[해석]

1. 그의 제안은 거절되었다.
2. 나의 동료는 내 도움을 필요로 한다.
3. 어제 무료 견본이 나에게 보내졌다.
4. 축제는 3일 동안 계속되었다.
5. 이 건물들은 100년 전에 건설되었다.
6. John의 이름이 두 번 언급되었다.
7. 우리는 대규모 마케팅 행사를 실시할 것이다.
8. 정부가 대기 오염을 20퍼센트 감소시켰다.

B

[정답]

1. is guaranteed
2. will be hosted
3. was being checked
4. have been approved
5. were brought
6. will be purchased
7. is being installed
8. were introduced

[해석]

1. 우리는 고객들에게 최고의 가격을 보장한다.
   → 최고의 가격이 우리 고객들을 위해 보장된다.
2. BT 컨설팅 사가 다음 주에 취업 설명회를 주최할 것이다.
   → 취업 설명회가 다음 주에 BT 컨설팅 사에 의해 주최될 것이다.
3. Mark는 재고를 확인하고 있었다.
   → 재고가 Mark에 의해 확인되고 있었다.
4. 관리자는 우리의 계획을 승인했다.
   → 우리의 계획은 관리자에 의해 승인되었다.
5. 그들은 어린이들에게 여분의 옷을 몇 벌 제공했다.
   → 여분의 옷 몇 벌이 어린이들에게 제공되었다.
6. 우리 팀은 다음 달에 프린터 두 대를 구매할 것이다.
   → 두 대의 프린터가 다음 달에 우리 팀에 의해 구매될 것이다.
7. 기술자가 지금 새로운 소프트웨어를 설치하는 중이다.
   → 지금 기술자에 의해 새로운 소프트웨어가 설치되는 중이다.
8. 책임자가 세 개의 새로운 규칙을 소개했다.
   → 세 개의 새로운 규칙이 책임자에 의해 소개되었다.

확인학습 ❷

p.063

A

[정답]

1. delivers
2. are planned
3. happen
4. has been attached
5. satisfied
6. accepted

[해석]

1. 우체부가 매일 아침에 우편물을 배달한다.
2. 세 건의 회의가 월요일에 예정되어 있다.
3. 사고는 언제든지 발생할 수 있다.
4. 이 이메일에 사진이 첨부되었다.
5. 우리는 새로운 기기에 만족했다.
6. Simmons 씨는 나의 사과를 받아 주었다.

B

[정답]

1. at
2. to
3. with
4. for
5. in
6. of
7. about
8. on

해석

1. 내 동료들은 뉴스에 놀랄 것이다.

2. 우리는 새로운 정책에 익숙하다.

3. 산 꼭대기는 눈으로 덮여 있었다.

4. 시카고는 멋진 건축물로 잘 알려져 있다.

5. P.W. Moore 사는 스캔들에 연루되었다.

6. 나의 상사는 우리의 성공을 확신하고 있다.

7. 공무원들은 경제에 대해 걱정하고 있다.

8. 그 영화는 실화에 바탕을 두었다.

확인 학습 ③

p.065

A

정답

1. are taken

2. are designed

3. calls

4. make

5. is

6. is confirmed

7. are listening

8. was provided

9. have invited

10. is

해석

1. 대부분의 사진들은 이 사진기로 촬영되었다.

2. 박스 안에 있는 저 셔츠들은 Ellen에 의해 디자인되었다.

3. Howard 씨의 고객은 매일 아침 그에게 전화한다.

4. 당신은 직장에서 거의 실수하지 않는다.

5. 안경을 쓰고 있는 저 여자는 나의 치과 의사이다.

6. 그들이 새로운 프로그램을 개시할 것이라는 사실이 확정되었다.

7. 지원자들이 그의 발언을 조용히 경청하는 중이다.

8. 많은 정보가 참가자들에게 제공되었다.

9. Peter와 Tim이 친구들을 파티에 초대했다.

10. 그의 말을 이해하는 것은 쉽지 않다.

B

정답

1. F 2. F 3. T 4. F 5. F

해석

1. 그들의 충고는 나에게 항상 도움이 된다.

2. 다음 회의는 1월 19일에 예정되어 있다.

3. 어제 부산행 열차가 지연되었다.

4. 저 과학자들과 일한 것은 멋진 경험이었다.

5. Joey와 나는 휴가 계획에 대해 이야기를 나누고 있다.

토익 실전연습

p.066

정답

1. (B)	2. (D)	3. (C)	4. (A)	5. (A)	6. (D)
7. (D)	8. (C)	9. (B)	10. (C)	11. (A)	12. (B)

1.

모델 SR-K의 생산이 조사관에 의해 중단되었다.

(A) stopped

(B) was stopped

(C) to stop

(D) stopping

해설

주어인 '모델 SR-K의 생산'이 중단되어야 하므로 수동태 문장이 되어야 한다. 따라서 'be동사 + p.p.' 형태인 (B)가 정답이다.

2.

전시회는 3월 31일부터 4월 10일까지 시립 미술관에서 개최된다.

(A) hold

(B) holds

(C) are held

(D) is held

해설

전시회가 개최된다는 의미의 수동태 문장이다. 보기 중에서 동사의 수동형은 (C)와 (D)인데, 주어인 'an exhibition'이 단수이므로 정답은 (D)이다.

3.

Lambert 씨는 그녀의 팀의 1분기 실적에 기뻐했다.

(A) in

(B) at

(C) with

(D) for

해설

'~에 기뻐하다'라는 뜻의 수동태 표현은 'be pleased with'이다. 정답은 (C)이다. 이와 같이 by 이외의 전치사가 사용되는 수동태 표현들을 알아 두어야 한다.

4.

신제품 개발이 우리의 다음 목표이다.

(A) is

(B) are

(C) being

(D) have been

해설

적절한 동사를 고르는 문제이다. 주어는 'developing new products'인데, developing에 동사를 일치시켜야 하므로 단수인 (A)의 is가 정답이 된다. 빈칸 바로 앞의 명사인 products를 보고 복수형 동사를 고르는 실수를 하지 않도록 주의해야 한다.

5.

Mickelson 리서치 그룹은 전문가들의 의견에 의지하고 있다.

(A) relies

(B) rely

(C) is relied

(D) are relied

해설

주어가 단수명사이므로 (A)와 (C) 중에서 정답을 골라야 한다. 주어인 'The Mickelson Research Group'이 전문가들의 의견에 의지한다는 능동의 의미가 완성되어야 하므로 정답은 (A)이다.

6.

추가 근무에 대한 회사의 정책은 올해 연말에 변경될 것이다.

(A) revising

(B) revise

(C) revised

(D) be revised

해설

주어인 정책(policy)이 변경된다는 수동의 의미가 되어야 하므로 수동태인 (D)가 정답이 된다.

7.

그 리조트는 여름 해변이 아름다운 것으로 잘 알려져 있다.

(A) to know

(B) knowing

(C) knows

(D) is known

해설

'~으로 알려지다'는 의미의 수동태 표현인 'be known for'를 암기해 두어야 한다. 정답은 (D)이다.

8.

위원회는 그 직책의 몇몇 후보자들을 신중하게 선발했다.

(A) to select

(B) selecting

(C) selected

(D) was selected

해설

빈칸은 동사 자리이므로 동사가 아닌 (A)와 (B)는 정답에서 제외된다. 주어인 위원회(the committee)가 직책의 후보자들을 선발했다는 능동의 의미가 되어야 하므로 정답은 (C)이다.

9.

대기실의 남자들은 회장과 대화하기를 원한다.

(A) wants

(B) want

(C) wanting

(D) to want

해설

문장의 주어부는 'the men in the waiting room'인데, 'in the waiting room'은 수식어구이므로 복수명사인 'the men'에 동사를 일치시켜야 한다. 따라서 정답은 (B)이다.

10.

복사기가 기사에 의해 수리되었다.

(A) repaired

(B) will have repaired

(C) has been repaired

(D) has being repaired

해설

'주어 + _____ + by 목적격' 형태의 전형적인 수동태 문장이다. 보기 중에서 수동태 형식은 (C)의 has been repaired뿐이다.

11.

내년 경제에 대한 예측은 이 보고서에 기반하고 있다.

(A) on
(B) to
(C) for
(D) with

[해설]

'~에 기반하다'라는 의미의 수동 표현은 'be based on'이다. 이와 같이 by 이외의 전치사와 함께 사용되는 수동 표현을 외워 두어야 한다.

12.

이 소책자들은 오늘 오후에 특급 우편으로 도착했다.

(A) arrives
(B) arrived
(C) was arrived
(D) were arrived

[해설]

보기에 사용된 동사 arrive는 자동사로서 수동형으로 사용되지 않으므로 (C)와 (D)는 정답에서 제외된다. 주어인 'these brochures'가 복수형이므로 단수 동사인 (A) 역시 정답이 될 수 없다. 정답은 (B)이다. 빈칸 뒤에 by가 있다고 해서 무조건 수동 표현일 것이라고 짐작해서는 안 된다.

✓ 보카 체크업   p.068

[정답]

1. 지원자는 그의 신분증 사본을 첨부했다.
2. 야구 리그는 새로운 시즌의 개막을 연기했다.
3. 새로운 판매 촉진 활동이 지난주에 시작되었다.
4. 한밤중에 지진이 발생했다.
5. 그 행사는 악천후로 인해 연기되었다.
6. 당신의 보고서는 당신 상사의 의견으로 가득 차 있다.

확인학습 ❶   p.071

A

[정답]

1. © 2. ⓐ 3. © 4. ⓑ 5. ⓐ
6. ⓑ 7. © 8. ⓑ

[해석]

1. 그들은 교통 체증을 피하기 위해서 일찍 떠나야 한다.
2. 본 프로그램의 목적은 신입 직원들을 교육시키는 것이다.
3. 여러분께 Walls 씨를 소개해 드리게 되어 기쁩니다.
4. 우리는 문제를 해결할 수 있는 방법을 찾고 있다.
5. Jack은 회계 담당자 일을 그만 두기로 결심했다.
6. 모든 사람은 자신의 의견을 표현할 권리를 가지고 있다.
7. Fisher 씨는 검정색 셔츠를 발견해서 기뻤다.
8. 당신에게 그 문서를 검토할 기회가 있을 것이다.

B

[정답]

1. ⓑ 2. ⓐ 3. ⓐ 4. ⓑ 5. ⓑ
6. ⓐ 7. ⓑ 8. ⓐ

[해석]

1. 우리는 발표를 성공적으로 하기 위해서 많은 연습을 했다.
2. 운전면허 시험에 합격하는 것은 그렇게 어렵지 않다.
3. 그들은 Emily를 놀라게 할 계획을 세우고 있다.
4. Jennifer는 그 소식을 듣고 흥분했다.
5. 내가 그 기술을 완벽히 익히는 것이 중요하다.
6. 바이어는 나의 제안을 수락하는 것을 거절했다.
7. 환불을 받기 위해, 나는 점원에게 영수증을 보여 주었다.
8. 그 질문은 내가 대답하기에 너무 어려웠다.

확인학습 ❷   p.073

A

[정답]

1. Eating more vegetables
2. bothering other people

3. launching a new brand

4. breaking his promise

5. Developing a new product

6. providing customer service

7. Living without a cell phone

B

정답

1. T **2.** F **3.** T **4.** F **5.** T

6. T **7.** F **8.** F

해석

1. Bush 씨는 일정을 바꾸자는 의견에 동의했다.

2. 나의 동료는 충고를 좋아하지 않았다.

3. 그 제안은 마케팅 팀에서 한 것이다.

4. 우리는 새로운 장비의 개발에 만족한다.

5. 나는 모든 세미나에 참석할까 생각 중이다.

6. 금은 언제나 좋은 투자 대상이다.

7. 그 업무를 제 시간에 마치는 것은 불가능한 것 같다.

8. 나는 프로젝트에 대한 확인을 받았다.

확인학습 ❸

p.075

A

정답

1. visiting

2. spreading

3. to arrive

4. working

5. to book

6. to achieve

7. rescheduling

8. to provide

해석

1. 성 소피아 성당은 확실히 방문할 만한 가치가 있다.

2. 그녀는 소문을 퍼뜨린 것을 부인하고 있다.

3. 우리는 그 편지가 오늘 도착할 것으로 기대한다.

4. Brian은 휴식 없이 계속 일했다.

5. Moore 씨는 그에게 항공권을 예매할 것을 상기시켜 주었다.

6. 우리는 6개월 이내에 목표를 달성하기를 바란다.

7. Joanne은 계획을 변경하지 않을 수 없었다.

8. 사장이 무료 셔틀 버스를 제공하기로 약속했다.

B

정답

1. asked me to bring

2. suggest talking

3. offered to pay

4. agreed to meet

5. trouble (in) accessing

6. doing nothing

해석

1. Judy는 나에게 파일을 가져다 달라고 부탁했다.

2. 나는 우선 컨설턴트와 이야기할 것을 추천한다.

3. WK 테크놀로지가 비용을 지불하겠다는 제안을 했다.

4. 그 고객은 3시 30분에 우리와 만나는 것에 동의했다.

5. Melanie가 계정에 접속하는 데 문제가 있었다.

6. Harris 씨는 아무것도 하지 않고 한 시간을 보냈다.

토익 실전연습

p.076

정답

1. (B)	**2.** (C)	**3.** (D)	**4.** (A)	**5.** (A)	**6.** (D)
7. (C)	**8.** (B)	**9.** (D)	**10.** (B)	**11.** (B)	**12.** (A)

1.

기술지원팀이 보안 프로그램을 업데이트해서 그 문제를 해결했다.

(A) updated

(B) updating

(C) update

(D) to update

해설

전치사 by의 목적어 역할을 하면서 명사인 the security program을 목적어로 취할 수 있는 동명사를 정답으로 골라야 한다. 정답은 (B)이다.

2.

당신은 예약을 확정하기 위해서 식당에 전화해야 한다.

(A) confirm
(B) confirmed
(C) to confirm
(D) to confirming

해설

빈칸부터 문장의 끝까지는 식당에 전화를 해야 하는 '목적'이다. 목적의 의미를 표현할 수 있는 것은 to부정사이므로 (C)의 to confirm이 정답이 된다.

3.

Gilmore 씨는 다섯 명의 판매원을 추가로 고용하기로 결정했다.

(A) hire
(B) hired
(C) hiring
(D) to hire

해설

decide는 to부정사를 목적어로 취하는 동사이므로 정답은 (D)이다.

4.

뉴욕 여행은 나에게 멋진 경험이었다.

(A) experience
(B) experiencing
(C) to experience
(D) experienced

해설

빈칸 앞에 형용사 great가 있는데, 동명사나 to부정사는 형용사의 수식을 받을 수 없다. 그러므로 명사인 (A)의 experience가 정답이다.

5.

Eric이 제조 과정을 이해하는 것이 중요하다.

(A) for
(B) of
(C) by
(D) to

해설

빈칸 뒤의 Eric은 to understand라는 행동을 하는 'to부정사의 의미상 주어'이다. to부정사의 의미상 주어는 'for + 목적격'으로 표현하므로 정답은 (A)이다.

6.

TPA 투자 그룹은 그들의 사업을 확장하려는 계획을 갖고 있다.

(A) expand
(B) expanded
(C) expanding
(D) to expand

해설

빈칸부터 문장의 끝까지는 명사인 plan을 수식하는 형용사의 역할을 하고 있다. 형용사의 역할을 할 수 있는 것은 to부정사이므로 정답은 (D)이다.

7.

회의하는 동안 개인적인 발언은 하지 말아야 한다.

(A) make
(B) to make
(C) making
(D) to making

해설

avoid는 동명사를 목적어로 취하는 대표적인 동사이다. 정답은 (C)이다.

8.

그 단체는 무료 법률 상담을 제공하는 데 헌신한다.

(A) to provide
(B) providing
(C) provide
(D) provided

해설

'~하는 데 전념하다'라는 뜻을 가진 동명사 관용표현 'be committed to -ing'를 암기해 두어야 한다. 정답은 (B)이다.

9.

예산은 지역 문화 센터의 개조 공사에 사용될 것이다.

(A) renovation
(B) renovate
(C) renovated
(D) renovating

해설

빈칸 앞에 전치사 for가 있기 때문에, 전치사의 목적어 역할을 할 수 있는 동명사를 정답으로 골라야 한다. 정답은 (D)의 renovating이다. (A)의 renovation은 명사이기 때문에, 명사인 the community center 앞에 사용될 수 없다.

10.

그 의사는 환자에게 3개월 후 다시 올 것을 권했다.

(A) return
(B) to return
(C) returning
(D) to returning

해설

to부정사가 사용되는 관용 표현인 'advise A to do'를 알고 있어야 문제를 풀 수 있다. 정답은 (B)이다.

11.

그 부서는 일자리에 적합한 사람을 찾는 데 어려움을 겪고 있다.

(A) to find
(B) finding
(C) find
(D) found

해설

'~하는 데 어려움이 있다'는 의미의 관용 표현인 'have difficulty/ trouble (in) -ing'를 외워 두어야 한다. 정답은 (B)이다.

12.

비용을 줄이기 위해, 회사는 100명이 넘는 직원들을 해고했다.

(A) To reduce
(B) On reducing
(C) Reduce
(D) Reduced

해설

'비용을 줄이는 것'은 '직원들을 해고하는 것'의 목적이기 때문에, 목적을 나타낼 수 있는 표현인 to부정사를 정답으로 선택해야 한다. 정답은 (A)이다.

✓ 보카 체크업   p.078

정답

1. ⓑ   2. ⓐ   3. ⓐ   4. ⓑ   5. ⓐ   6. ⓑ

Unit 08 분사

확인학습 ❶   p.081

A

정답

1. ⓑ   2. ⓐ   3. ⓐ   4. ⓑ   5. ⓐ

6. ⓐ   7. ⓐ   8. ⓑ

해석

1. 그의 비서가 나에게 남은 티켓들을 주었다.
2. 어린이들을 위해 계획된 행사가 있을 것이다.
3. 선택된 사진들은 디자이너에게 보내질 것이다.
4. 그 회사는 업데이트된 시스템을 즉시 원한다.
5. 길을 건너고 있는 남자는 나의 이웃이다.
6. 당신에게는 당신의 이론을 뒷받침하는 증거가 필요하다.
7. 우리는 높은 나무들로 둘러싸인 공원을 방문했다.
8. 준비위원회는 약간의 도움을 필요로 할 것이다.

B

정답

1. broken
2. increasing
3. fallen
4. organized
5. cleaning
6. repaired
7. managing
8. erased

확인학습 ❷   p.083

A

정답

1. changed
2. appointed
3. confirming
4. attached
5. Entering

6. relaxed

7. closed

8. working

9. Being

10. man talking

해석

1. Christina는 변경된 계획을 잊었다.

2. 나는 어제 임명된 책임자를 만났다.

3. 그는 예약을 확인하는 메시지를 받았다.

4. 당신은 첨부된 양식을 작성해야 한다.

5. 건물에 들어갔을 때, 나는 고객의 전화를 받았다.

6. 그 승객은 비행하는 동안 편안해 보였다.

7. 일시적으로 문을 닫은 그 식당은 다음 주에 다시 문을 열 것이다.

8. 정비공이 엔진을 다시 작동시켰다.

9. 카운슬러인 Adams 씨는 항상 좋은 조언을 한다.

10. 우리는 Wellman 씨와 이야기하는 저 남자가 누구인지 모른다.

B

정답

1. Saving more money

2. reviewing my proposal

3. Scheduled at 9 A.M.

4. moving those lamps

5. Located downtown

6. Analyzed properly

7. Walking in the park

해석

1. 더 많은 돈을 저축한다면, 우리는 새 노트북을 구입할 수 있을 것이다.

2. Walters 씨는 나의 제안서를 검토했을 때 메모를 남겼다.

3. 오전 9시로 예정되어 있었기 때문에, 그 약속은 취소되지 않았다.

4. 우리는 램프들을 옮길 때 매우 조심하려고 했다.

5. 도심에 위치하고 있기 때문에, 그 상점은 항상 분주하다.

6. 적절하게 분석된다면, 데이터는 도움이 될 것이다.

7. 공원을 걷고 있는 동안, Harry는 땅에서 동전을 발견했다.

확인학습 ❸
p.085

A

정답

1. surprised

2. pleasing

3. qualified

4. promising

5. preferred

6. bored

7. lasting

8. growing

해석

1. 영화의 결말은 우리를 놀라게 했다.

2. 그 선명한 색채들은 눈을 매우 즐겁게 만든다.

3. 자격을 갖춘 후보자들이 매우 많다.

4. Russell은 유망한 직원이다.

5. 우리는 고객들이 선호하는 디저트를 확인해야 한다.

6. 나는 반복적인 작업이 지겹다.

7. 그 연설은 오래 지속되는 인상을 남겼다.

8. 지역 사회 내에 기대감이 늘어나고 있다.

B

정답

1. missing

2. damaged

3. confused

4. shocking

5. existing

6. limited

7. exciting

토익 실전연습
p.086

정답

1. (A)	2. (C)	3. (C)	4. (D)	5. (B)	6. (D)
7. (A)	8. (B)	9. (D)	10. (C)	11. (D)	12. (B)

1.

Harris 씨는 영업부의 제안에 여전히 관심을 가지고 있다.

(A) interested
(B) interesting
(C) interestingly
(D) has interest

해설

interest는 '관심을 일으키다'라는 뜻이므로, 주어가 관심을 가진 다는 의미가 되려면 과거분사 형태로 사용되어야 한다. 따라서 정답은 (A)의 interested이다.

2.

업데이트된 정보는 다음 주 월요일에 이용 가능할 것이다.

(A) update
(B) updating
(C) updated
(D) updates

해설

정보가 업데이트 되었다는 수동의 의미가 되어야 하므로, 과거분사 형태인 (C)의 updated가 정답이 된다.

3.

몇몇 사람들은 움직이는 자동차 안에서 절대로 잠들지 못한다.

(A) move
(B) moved
(C) moving
(D) movement

해설

빈칸 뒤의 명사인 car가 움직일 것이므로, 현재분사 형태인 (C)의 moving이 정답이다.

4.

시상식에 초대 받아서, Donna는 연설을 준비해야 했다.

(A) Invitation
(B) Invite
(C) Inviting
(D) Invited

해설

분사구문 문제로서, 주절의 주어와 빈칸에 들어갈 분사와의 관계 를 파악하여 문제를 풀어야 한다. 주절의 주어인 Donna가 초대를 받은 것이므로, 정답은 과거분사인 (D)의 invited이다.

5.

T&P 테크는 업계에서 선도적인 기업 중 하나이다.

(A) lead
(B) leading
(C) led
(D) to lead

해설

빈칸에는 '선도적인', '이끌고 있는'이라는 의미의 현재분사형 형용 사가 와야 한다. 정답은 (B)의 leading이다.

6.

호텔의 두 객실을 연결하는 문이 현재 잠겨 있다.

(A) connect
(B) connects
(C) connected
(D) connecting

해설

'문(the door)'이 두 객실을 연결하고 있을 것이므로, 현재분사인 (D)의 connecting을 정답으로 선택해야 한다.

7.

다음 주 월요일 부로, 그 상점은 단축된 영업 시간 동안 운영될 것 이다.

(A) reduced
(B) reducing
(C) reduce
(D) reduction

해설

빈칸 뒤의 business hours가 '단축시키는' 것이 아니라 '단축되 는' 것이므로 과거분사인 (A)의 reduced가 정답이 된다.

8.

세미나가 정말로 지루해서 많은 참석자들이 일찍 떠났다.

(A) bore
(B) boring
(C) boringly
(D) bored

해설

빈칸에는 '지루한'이라는 의미의 형용사가 와야 하므로 정답은 (B) 의 boring이다. (D)의 bored는 주어가 지루함을 느낀다는 의미이 므로 정답이 될 수 없다.

9.

소파 밑에서 발견된 지갑은 Peterson 씨의 것이다.

(A) finds
(B) finding
(C) is found
(D) found

[해설]

지갑이 발견되었다는 의미가 되어야 하므로 (D)의 found가 정답이다. (B)의 finding은 주어가 무엇인가를 발견한다는 의미이다.

10.

당신은 웹사이트에서 상세한 계좌 명세서를 확인할 수 있다.

(A) detail
(B) detailing
(C) detailed
(D) details

[해설]

'account statement'를 수식할 수 있는 것은 '상세한'이라는 의미의 형용사인 (C)의 detailed뿐이다.

11.

안전 수칙에 따라 모든 직원들은 공장 안에서 안전모를 착용한다.

(A) Follow
(B) Follows
(C) Followed
(D) Following

[해설]

분사구문 문제이므로 주절의 주어와 분사의 관계를 파악해야 한다. 주절의 주어인 all workers가 안전 수칙(the safety manual)을 따른다는 능동의 의미이므로, 현재분사인 (D)의 following이 정답이다.

12.

그 가수의 신규 앨범 발매는 팬들을 매우 들뜨게 했다.

(A) excite
(B) excited
(C) exciting
(D) excitingly

[해설]

excite는 '흥분시키는', '들뜨게 하는'이라는 의미인데, 팬들이 누군가를 들뜨게 하는 것이 아니라 스스로 들뜬다는 의미이므로 정답은 과거 분사인 (B)의 excited이다.

✓ 보카 체크업　　　　　　　p.088

[정답]

1. relaxing
2. immediately
3. satisfied
4. missing
5. analysis
6. disqualified

Unit 09 전치사

확인학습 ❶
p.091

A

정답
1. for
2. by
3. out of
4. about
5. under
6. of
7. before
8. in

해석
1. 직원들이 퇴직자를 위해 특별한 선물을 샀다.
2. 이 책은 셰익스피어에 의해 집필되었다.
3. 우리는 지금 그 건물에서 나와야 한다.
4. 나는 직장을 그만 두는 것에 대해 생각 중이다.
5. 책상 아래에는 아무것도 없다.
6. Ron은 가수가 되려는 꿈을 가지고 있었다.
7. 그는 영화가 시작하기 전에 화장실에 갔다.
8. 직원들이 구내 식당에서 점심 식사를 하고 있다.

B

정답
1. against the law
2. a man with ambition
3. According to the manager
4. the articles on this website
5. within five days
6. from helping each other
7. as of tomorrow

확인학습 ❷
p.093

A

정답
1. by
2. in
3. for
4. at
5. by
6. on
7. between
8. until
9. close
10. during

해석
1. Jimmy는 우산을 문 옆에 둔다.
2. 슈퍼마켓에 사람들이 많지 않다.
3. Happiness 몰은 2주 동안 무료 배송을 해 준다.
4. 한밤중에 초인종이 울렸다.
5. 당신은 마감 시한까지 지원서를 제출해야 한다.
6. 벽에 그림을 걸면 좋을 것이다.
7. 나는 두 가지 선택 사항 중에서 결정을 내리지 못했다.
8. 추후 통보가 있을 때까지 여기에서 기다리세요.
9. 우리는 컨벤션 센터 근처의 호텔에 머물렀다.
10. 나의 직장 동료는 회의 중에 긴장한 것처럼 보였다.

B

정답
1. T	2. F	3. T	4. F	5. T
6. T	7. F	8. F	9. F	10. T

해석
1. 1층에 안내 데스크가 있다.
2. Jessica는 2010년에 대학을 졸업했다.
3. Jenkins 씨 옆에 서 있는 여자는 그의 아내이다.
4. 7월 4일에 대규모 불꽃놀이가 있을 것이다.
5. 당신은 매표소에서 표를 구매할 수 있다.
6. 그 게임은 젊은이들 사이에서 인기가 있다.
7. 나의 파트너는 Miller 씨 옆에 앉아 있다.
8. 그 고객의 주문품은 다음 주 화요일까지 도착할 것이다.

9. 그는 1분도 조용히 있지 못한다.

10. 나는 은행 근처에 주차된 구급차를 보았다.

확인학습 ❸
p.095

A

정답

1. 그 구멍을 통해서

2. 정상을 향해

3. 당신의 조언 덕분에

4. 그들의 도움 없이

5. 가격에 상관없이

6. 위험에도 불구하고

7. 사무실 밖으로

8. 해변을 따라서

B

정답

1. except for

2. instead of

3. In addition to

4. because of

5. In spite of

6. According to

토익 실전연습
p.096

정답

1. (D)	2. (B)	3. (C)	4. (B)	5. (A)	6. (D)
7. (A)	8. (A)	9. (C)	10. (B)	11. (B)	12. (D)

1.

캐나다에서는 영어와 프랑스어 두 가지가 공용어이다.

(A) about

(B) at

(C) on

(D) in

해설

국가명과 같이 넓은 장소 앞에는 전치사 in이 사용된다. 정답은 (D)이다.

2.

은행과 식료품점 사이에 우체국이 있다.

(A) among

(B) between

(C) for

(D) out of

해설

빈칸 뒤의 and 앞과 뒤에 장소를 의미하는 명사들이 있기 때문에 '~ 사이에'라는 의미의 between이 빈칸에 와야 한다. 정답은 (B)이다.

3.

모든 참석자는 안내데스크에서 자신의 이름표를 받아야 한다.

(A) for

(B) in

(C) at

(D) of

해설

특정 장소 앞에는 전치사 at이 와야 하므로 정답은 (C)이다. (B)의 in은 지역이나 국가와 같이 넓은 지역 앞에 사용된다.

4.

그 고객은 우리의 환불 정책에 대한 몇 가지 질문을 가지고 있다.

(A) with

(B) about

(C) to

(D) by

해설

고객의 질문은 정책에 대한 것이라는 의미가 되어야 하므로 (B)의 about이 빈칸에 오는 것이 의미상 자연스럽다.

5.

그 자원봉사 단체는 어린이 병원을 위해 기금을 사용할 것이다.

(A) for

(B) during

(C) between

(D) along

해설
기금이 어린이 병원을 '위해서' 사용된다는 의미가 되어야 하므로
정답은 (A)의 for이다.

6.
폭우에도 불구하고 야구 경기는 연기되지 않았다.

(A) instead
(B) despite
(C) in addition
(D) in spite

해설
'폭우에도 불구하고'라는 의미가 되어야 하는데, 빈칸 뒤에 of가 있
으므로 정답은 (D)의 in spite이다. '~에도 불구하고'라는 의미의
전치사인 in spite of와 despite를 암기해 두어야 한다.

7.
Julia는 안전 강좌 하나를 제외하고 모든 교육 과정을 완료했다.

(A) except
(B) without
(C) near
(D) about

해설
문맥상 '안전 강좌 하나를 제외하고'라는 의미가 되어야 자연스러
우므로 (A)의 except가 정답이 된다. '~을 제외하고'라는 의미의
전치사 'except for'를 외워 두도록 하자.

8.
다가오는 선거에 대한 토론이 세 시간 동안 계속되었다.

(A) for
(B) during
(C) in
(D) from

해설
세 시간 동안 토론이 계속되었다는 의미이므로 정답은 (A)의 for이
다. '~ 동안'이라는 뜻을 가진 (B)의 during은 숫자가 아닌 기간을
나타내는 명사 앞에 쓰인다.

9.
인사부 사무실은 2층 엘리베이터 옆에 있다.

(A) near
(B) according
(C) next
(D) out

해설
사무실의 위치를 설명하는 문장이므로, 엘리베이터 '옆에'라는 의
미가 되어야 한다. 따라서 정답은 (C)의 next이다.

10.
그 커뮤니티 센터는 정기적인 보수 관리 작업 때문에 오늘 밤에 문
을 닫을 것이다.

(A) thanks to
(B) because of
(C) instead of
(D) according to

해설
정기적인 보수 작업(regular maintenance)은 건물이 문을 닫는
이유일 것이므로 정답은 (B)의 because of이다.

11.
그 버스는 도심과 주변 지역들을 통과하여 운행한다.

(A) despite
(B) through
(C) at
(D) among

해설
버스가 빈칸 뒤에 언급된 지역을 '통과하여' 운행할 것이므로 정답
은 (B)이다.

12.
그들은 12월 31일까지 목표를 달성하면 보너스를 받을 것이다.

(A) under
(B) until
(C) to
(D) by

해설
'12월 31일까지'라는 기한을 의미하는 전치사를 골라야 하므로 정
답은 (D)의 by이다. (B)의 until 또한 '~까지'라는 뜻을 가지고 있
지만, until은 어떠한 행동이 특정 시점까지 계속될 때 사용된다.

✓ 보카 체크업 p.098

정답
1. ⓑ **2.** ⓐ **3.** ⓑ **4.** ⓐ **5.** ⓑ **6.** ⓑ

Unit 10 접속사

확인학습 ❶

p.101

A

정답

1. but
2. or
3. and
4. both
5. thoroughly
6. so
7. not only
8. running
9. yet
10. nor

해석

1. 전시회는 이번 주 금요일이 아닌 다음 주 금요일에 시작된다.
2. 그들은 아마도 회의실 아니면 로비에서 만날 것이다.
3. 그가 가장 좋아하는 여행지는 하와이와 파리이다.
4. Evans 씨와 그녀의 변호사의 서명 둘 다 필요하다.
5. Wood 씨는 느리지만 자세히 문서를 검토한다.
6. 나는 약간 추워서 모든 창문을 닫았다.
7. 이 새로운 모델은 잘 만들어졌을 뿐만 아니라 가격도 적당하다.
8. Paul은 자유 시간에 수영과 달리기를 즐긴다.
9. 계약이 끝났지만, 그들은 계속해서 나에게 청구서를 보낸다.
10. 자동차 키는 차에도 없었고 그녀의 가방에도 없었다.

B

정답

1. ⓐ   2. ⓑ   3. ⓑ   4. ⓐ

확인학습 ❷

p.103

A

정답

1. who broke the machine
2. where Johnny lost it
3. that I made a mistake
4. why Edgar did not follow
5. when you should come
6. Whether she was there
7. what will happen next
8. if he can attract

B

정답

1. 그가 어디에서 그것을 샀는지
2. 내가 그 약속을 취소할 수 있을지
3. 버스가 언제 출발하는지
4. Amy가 어떻게 자물쇠를 풀었는지
5. 그녀가 오늘 배운 것은
6. 그가 왜 이 프로젝트를 싫어하는지
7. Sam이 오늘 오지 않은 것은
8. 누가 그 일에 지원할 것인지

확인학습 ❸

p.105

A

정답

1. Although
2. during
3. if
4. In spite of
5. since
6. when
7. Because
8. as long as

해석

1. 실패하기는 했지만, 우리는 실망하지 않았다.
2. 안내 방송이 나오는 동안 나는 뒤에 서 있었다.
3. 설명서를 읽으면 당신은 이 의자를 쉽게 조립할 수 있다.
4. 더운 날씨에도 불구하고, 그녀는 스웨터를 입고 있다.
5. 문제를 풀고나서 Jonathan은 아무 말도 하지 않았다.
6. 주인은 우리가 좋은 제안을 했을 때 그의 상점을 매각했다.

7. 시스템이 작동하지 않아서, 우리는 업무를 마무리할 수 없었다.

8. 당신이 최선을 다했다면 결과는 문제되지 않는다.

B

정답

1. F **2.** T **3.** T **4.** F **5.** F
6. T **7.** F **8.** T

해석

1. 그가 운동하는 동안 사고가 났다.

2. 조명이 꺼진 후, 영화가 시작되었다.

3. 최근의 화재 때문에 국립 공원은 문을 닫았다.

4. 악천후에도 불구하고, 비행기는 제시간에 출발했다.

5. 우리의 도움에도 불구하고 그 후보자는 기권하기로 결정했다.

6. Randy는 컴퓨터 전문가로 잘 알려져 있다.

7. 나의 친구는 그것이 더 빨랐기 때문에 지하철을 탔다.

8. 우리의 반대에도 불구하고, 회사는 새로운 캠페인을 시작했다.

토익 실전연습
p.106

정답

1. (C)	2. (D)	3. (D)	4. (A)	5. (B)	6. (A)
7. (B)	8. (C)	9. (C)	10. (A)	11. (B)	12. (D)

1.
우리는 식당에 가거나 집에서 피자를 먹을 수 있다.
(A) but
(B) so
(C) or
(D) as

해설
'식당에 가는 것'과 '집에서 피자를 먹는 것' 둘 중에서 선택을 할 수 있다는 의미의 문장이므로 정답은 (C)의 or이다.

2.
내가 장비를 점검하는 동안 전화기가 울렸다.
(A) since
(B) for
(C) during
(D) while

해설
빈칸에는 '~ 동안'이라는 의미의 단어가 와야 하는데, 빈칸 뒤에 완전한 형태의 절이 있기 때문에 접속사인 (D)의 while이 정답이 된다. (B)의 for와 (C)의 during은 전치사이다.

3.
그들은 프레젠테이션의 준비를 완전하게 마칠 때까지 집에 갈 수 없다.
(A) because of
(B) whether
(C) despite
(D) until

해설
빈칸 뒤에 완전한 절이 있으므로 전치사인 (A)와 (C)는 정답에서 제외된다. 빈칸의 앞과 뒤에 모두 완전한 절이 있으므로 부사절 접속사를 정답으로 골라야 한다. 따라서 정답은 (D)의 until이다.

4.
그 리포터는 Wilson 씨가 사회적인 문제에 관심이 있는지 물었다.
(A) if
(B) that
(C) as long as
(D) due to

해설
적절한 의미의 접속사를 고르는 문제이다. 빈칸부터 문장의 마지막까지는 동사 ask의 목적어 역할을 하기 때문에 명사절 접속사를 골라야 하는데, '~인지 아닌지'라는 의미의 if가 오는 것이 자연스럽다. 정답은 (A)이다.

5.
Richard나 Susan 중 한 명이 컨퍼런스에서 마지막 연설을 하게 될 것이다.
(A) Both
(B) Either
(C) Neither
(D) Not

해설
적절한 상관접속사를 고르는 문제인데, Richard와 Susan 둘 중 한 사람을 의미하려면 빈칸에는 (B)의 either가 와야 한다. 상관 접속사 문제는 or를 보면 바로 either를 정답으로 고를 수 있을 정도로 확실하게 암기해 두어야 한다.

6.
이 새로운 장비는 유용하지만 많은 사람들에게 비싸다.

(A) yet
(B) and
(C) so
(D) or

해설
'장비가 유용하다'는 것과 '많은 사람들에게 비싸다'는 내용은 서로 상반되기 때문에, 역접의 의미를 갖고 있는 접속사인 (A)의 yet이 빈칸에 오는 것이 가장 적절하다.

7.
더 좋은 제품을 개발하기 위해서, 우리는 우리의 고객들이 무엇을 원하는 지 알아 낼 필요가 있다.

(A) that
(B) what
(C) when
(D) why

해설
빈칸부터 문장의 끝까지는 'to find out'의 목적어 역할을 하는 명사절이다. 빈칸 뒤의 절에 목적어가 없기 때문에 의문사 중에서 정답을 골라야 하는데, '고객들이 무엇을 원하는 지'라는 의미가 되어야 하므로 정답은 (B)의 what이다.

8.
그 일에 즉시 지원하지 않는다면 당신은 기회를 잃게 될 것이다.

(A) that
(B) if
(C) unless
(D) after

해설
빈칸 뒤의 내용이 '즉시 지원한다'는 의미이며, 빈칸 앞의 내용은 '기회를 잃을 것'이라는 뜻이다. 지원하지 않아야 기회를 잃을 것이므로 '만약 ～하지 않는다면'이라는 의미의 접속사인 (C)가 정답이 된다.

9.
Baker 씨는 주제를 선택했을 뿐만 아니라 원고도 작성했다.

(A) and
(B) or
(C) but
(D) so

해설
'～ 뿐만 아니라 ～ 역시'라는 의미의 상관접속사인 'not only A but (also) B'를 묻는 문제로서 정답은 (C)이다. not only를 보고 but을 떠올릴 수 있을 정도로 확실히 암기해 두어야 한다.

10.
그 연구가 나의 주장을 뒷받침해 주었기 때문에, 나의 상사는 마음을 바꾸었다.

(A) Since
(B) Due to
(C) Although
(D) Despite

해설
연구가 주장을 뒷받침한다는 사실이 상사가 마음을 바꾼 것의 원인일 것이므로, 이유를 나타내는 접속사인 (A)의 since가 정답이 된다. (B)의 due to는 이유를 나타내는 전치사이므로 완전한 절 앞에 사용될 수 없다.

11.
Jeffery Harrison은 그의 노고 때문에 승진되었다.

(A) because
(B) because of
(C) even though
(D) in spite of

해설
빈칸 뒤의 노고(hard work)는 Jeffery Harrison이 승진한 이유일 것이다. 따라서 정답은 (B)이다. (A)의 because 뒤에는 완전한 형태의 절이 있어야 한다.

12.
지금 과장과 대리 둘 다 자리에 없다.

(A) and
(B) but
(C) or
(D) nor

해설
상관접속사 'neither A nor B'를 묻는 문제로서 정답은 (D)이다. 'neither A nor B'는 'A도 B도 아닌'이라는 의미이다.

✔ 보카 체크업

정답

1. quantity
2. attractive
3. curious
4. priceless
5. As long as
6. matter

Unit 11 관계대명사

확인학습 ❶

A

정답

1. who lost their jobs
2. which was delivered this morning
3. that James bought
4. whose dream was to become a millionaire
5. whom I guided
6. which Angela proposed
7. whose cover was missing
8. who is kind and understanding
9. that happened last week
10. who will take care of their son

해석

1. 직장을 잃은 많은 사람들이 있다.
2. 오늘 아침에 배송된 상자는 정말 무겁다.
3. James가 구입한 차량은 중고차이다.
4. 우리는 백만장자가 되는 것이 꿈이었던 남자를 만났다.
5. 내가 안내했던 여행자들은 여행 이후에 지쳐 보였다.
6. Angela가 제안했던 이론은 터무니없다.
7. 그들은 표지가 사라진 책을 발견했다.
8. 나는 친절하고 이해심 있는 사람과 일하기를 원한다.
9. 지난주에 발생했던 그 사고는 끔찍했다.
10. 그 부부는 그들의 아들을 돌봐 줄 보모를 고용했다.

B

정답

1. ⓑ   2. ⓐ   3. ⓒ   4. ⓑ   5. ⓐ
6. ⓐ   7. ⓒ   8. ⓑ   9. ⓐ   10. ⓑ

해석

1. Ashley는 그들이 초대했던 손님들 중 한 명이다.
2. John에 대한 소식은 놀라웠다.
3. 나는 작은 마을을 배경으로 하는 소설을 읽고 있다.
4. Joanne은 내가 믿을 수 있는 직장 동료이다.
5. 테이블 위에 있던 커피는 여전히 뜨거웠다.

6. Bell 씨는 고기가 들어 있지 않은 샌드위치를 만들었다.

7. 그들은 Felix라는 이름의 고양이 한 마리를 입양했다.

8. 내가 빌리고 싶은 컴퓨터가 고장 났다.

9. 나의 매니저는 매우 비싼 시계를 소유하고 있다.

10. Amy는 우리가 예전에 만난 적이 없는 남자와 이야기를 하고 있다.

확인학습 ❷
p.113

A

정답

1. 내가 좋아하는 영화 / 재미있는 영화

2. 나를 도와 준 남자 / 내가 도와 준 남자

3. 그녀가 쓴 편지 / 그녀에게 보내진 편지

4. 공연한 피아니스트 / 그들이 본 피아니스트

5. 건축될 센터 / 그들이 건축할 센터

6. 그가 투자한 돈 / 투자된 돈

B

정답

1. whom

2. which

3. that

4. who

5. that

6. who

7. who

8. which

9. who

10. that

해설

1. Tyler는 월요일에 방문했던 의사에게 전화했다.

2. 우리는 재활용이 가능한 재료들을 사용하고 있다.

3. Rogers 씨가 우리가 계획했던 예산을 검토할 것이다.

4. 축구에 관심 있는 사람은 누구든지 채팅에 참여할 수 있다.

5. 우리는 우리의 고객이 선택한 음식을 준비할 것이다.

6. 연설을 할 남자는 준비를 마쳤다.

7. 나는 이사회가 그 직책에 임명한 여자를 알지 못한다.

8. 공급업자가 우리가 요청했던 샘플을 가져 왔다.

9. 그 회사는 돈을 훔친 직원을 해고했다.

10. 그는 팩스 기계를 수리할 수 있는 도구를 찾고 있다.

확인학습 ❸
p.115

A

정답

1. T   2. F   3. T   4. F   5. T

6. T   7. F   8. F

해설

1. 그것은 내가 의미한 것이 아니다.

2. 감독관은 능력이 뛰어난 직원을 관찰하고 있다.

3. 나는 우리가 함께 검토할 서류를 가져 올 것이다.

4. 변경될 규칙들이 곧 효력을 발휘할 것이다.

5. Henry는 창문이 깨진 자동차를 보았다.

6. 우리는 경험이 더 많은 구성원을 원한다.

7. 이것은 그 직책에 지원한 사람들의 목록이다.

8. Michael이 그의 상사에게 한 말은 무례한 것이었다.

B

정답

1. whose

2. what

3. the man

4. was

5. whose

6. What

7. pictures

8. want

해설

1. Carol이 청구서를 분실한 고객을 돕고 있다.

2. 나는 당신이 입어야 할 것을 고를 것이다.

3. 그녀는 Gibson 씨가 추천했던 사람을 면접하고 있다.

4. 이것은 책임자로부터 확인을 받은 브로셔이다.

5. 우리는 품질 개선을 목표하는 팀을 만들었다.

6. 내가 Ethan에 대해 좋아하는 것은 그의 창의성이다.

7. Kevin은 나에게 그가 찍은 몇 장의 사진을 보여 주었다.

8. 이 공간은 휴식을 원하는 직원들을 위한 것이다.

1. (C)	**2.** (D)	**3.** (A)	**4.** (A)	**5.** (B)	**6.** (C)
7. (A)	**8.** (D)	**9.** (B)	**10.** (D)	**11.** (B)	**12.** (C)

1.

우리는 우리의 주장을 뒷받침할 수 있는 사례를 찾아야 한다.

(A) who
(B) what
(C) which
(D) whose

해설

빈칸이 포함된 절에는 주어가 없기 때문에 빈칸에는 주격 관계대명사가 와야 한다. 선행사인 a case는 사람이 아니기 때문에 (C)의 which가 정답이 된다.

2.

그들이 지난주 일요일에 만났던 여자가 회장이 되었다.

(A) what
(B) which
(C) whose
(D) whom

해설

빈칸 뒤에 주어인 they가 있지만 동사 met의 목적어가 없으므로 목적격 관계대명사를 정답으로 선택해야 한다. 그런데 선행사인 the woman이 사람이기 때문에 (D)의 whom이 정답이다.

3.

나는 뉴욕에서 일어나는 이야기를 다룬 영화를 보고 싶다.

(A) whose
(B) who
(C) which
(D) that

해설

빈칸의 앞과 뒤에 모두 완전한 형태의 절이 있기 때문에 관계대명사인 (B)와 (C)는 정답에서 제외된다. 빈칸 뒤의 주어인 story는 단수명사이기 때문에 story 앞에는 관사나 소유격과 같은 한정사가 와야 한다. 따라서 소유격 관계대명사인 (A)의 whose가 정답이 된다.

4.

그 기자는 브라질 출신의 몇몇 사람들을 인터뷰했다.

(A) are
(B) is
(C) be
(D) to be

해설

관계대명사 who의 선행사인 some people이 복수형이기 때문에, be동사의 복수형인 (A)의 are가 정답이 된다.

5.

그의 동료들은 그가 방금 언급했던 것을 믿지 못했다.

(A) that
(B) what
(C) which
(D) whose

해설

빈칸 앞의 절에는 동사 believe의 목적어가 없고, 빈칸 뒤의 절에는 동사 mentioned의 목적어가 빠져 있다. 즉, 선행사를 포함하고 있는 관계대명사인 (B)의 what이 정답이다.

6.

Turner 씨가 읽었던 기사는 전직 시장에 의해 작성되었다.

(A) whom
(B) who
(C) which
(D) what

해설

빈칸 앞의 선행사인 the article이 사물이기 때문에 빈칸에는 관계대명사 which가 와야 한다. 정답은 (C)이다.

7.

Jones 씨는 다양한 활동을 제공하는 호텔을 예약했다.

(A) that
(B) what
(C) who
(D) whose

해설

빈칸 뒤에 주어가 빠진 불완전한 문장이 있으므로 주격 관계대명사를 골라야 한다. 그런데 선행사인 a hotel이 사물이므로 정답은 (A)의 that이다.

8.

우리는 자신의 그림들을 화랑에 전시하고 있는 화가와 이야기를 나누었다.

(A) who
(B) which
(C) whom
(D) whose

해설

선행사인 the artist가 사람이기 때문에 (B)의 which는 정답에서 제외된다. 빈칸 뒤에 완전한 형태의 문장이 있기 때문에 소유격 관계대명사인 (D)가 정답이다.

9.

저소득층 가정을 돕는 프로그램을 소개합니다.

(A) help
(B) helps
(C) helping
(D) are helping

해설

관계대명사 that 앞의 선행사인 a program이 단수명사이므로 관계대명사절의 동사 역시 단수동사인 (B)의 helps가 되어야 한다.

10.

이 프로그램은 모든 사람이 사랑하는 코미디언에 의해 진행될 것이다.

(A) which
(B) what
(C) whose
(D) who

해설

빈칸 뒤의 절에 목적어가 빠져 있기 때문에 목적격 관계대명사를 골라야 한다. 선행사인 a comedian이 사람이므로 (D)의 who가 정답이 된다. 선행사가 사람일 경우 목적격 관계대명사로는 whom 또는 who를 쓴다.

11.

소포에 포함되어 있던 영수증을 확인하세요.

(A) who
(B) that
(C) what
(D) whose

해설

빈칸 뒤에 be동사가 있는 것으로 보아 적절한 주격 관계대명사를 고르는 문제이다. 선행사인 the receipt가 사물이므로 정답은 (B)의 that이다.

12.

청중들은 현재의 시장에 대한 전문가의 이야기를 듣고 있다.

(A) who
(B) which
(C) what
(D) that

해설

빈칸은 전차사 to의 목적어 자리이면서 동시에 빈칸 뒤의 절에 있는 동사 says의 목적어 자리이기도 하다. 따라서 선행사를 포함하고 있는 관계대명사인 (C)의 what이 정답이다.

✓ **보카 체크업**   p.118

정답

1. a trustworthy person
2. their outstanding teamwork
3. includes the sales tax
4. improve your observation skills
5. been out of order
6. is located in front of

Unit 12 비교

확인학습 ❶
p.121

A

정답

1. better / best
2. more pleasant / most pleasant
3. heavier / heaviest
4. more slowly / most slowly
5. earlier / earliest
6. hotter / hottest
7. more common / most common
8. more sensitive / most sensitive
9. less / least
10. worse / worst

B

정답

1. ⓐ seriously / ⓑ serious
2. ⓐ rapid / ⓑ rapidly
3. ⓐ accurate / ⓑ accurately
4. ⓐ frequently / ⓑ frequent

해석

1. 당신은 가능한 한 진지하게 불만을 해결해야 한다.
   나의 상사는 화난 고객만큼 심각해 보였다.
2. 판매의 증가는 예전만큼 빠르지 않았다.
   수요는 지난 분기만큼 빠르게 증가했다.
3. 그는 컴퓨터만큼이나 정확하다.
   그는 컴퓨터만큼 정확하게 계산할 수 있다.
4. 우리는 가능한 한 자주 보안 프로그램을 실행한다.
   그녀의 방문은 우리가 예상했던 것만큼 빈번하지 않았다.

확인학습 ❷
p.123

A

정답

1. quieter
2. more quickly

3. him
4. louder
5. even
6. wider
7. she can
8. less

해석

1. 청중은 지난밤보다 더 조용하다.
2. 나는 지난번보다 더 빠르게 문서를 돌려 줄 것이다.
3. Rachel은 그보다 몇 시간 더 일한다.
4. 연설자의 목소리가 평소보다 더 컸다.
5. 영화의 결말은 심지어 더 충격적이었다.
6. 나의 아버지는 나에게 더 넓은 도로를 이용하라고 충고했다.
7. Gilbert 는 그녀가 할 수 있는 것보다 더 유창하게 한국어를 말할 수 있다.
8. 그들은 업데이트된 버전이 덜 복잡하다고 생각한다.

B

정답

1. a lot more convenient
2. the fresher of the two
3. more than anything else
4. the more work
5. less productive than
6. more excited than I was

확인학습 ❸
p.125

A

정답

1. the most
2. greatest
3. least
4. of
5. nicest
6. second
7. her
8. the funniest
9. that
10. candidates

해석

1. 우리는 가장 적절한 답을 찾으려 노력 중이다.
2. 그들의 가장 위대한 성과들 중 하나는 챔피언 결정전에서 승리한 것이다.
3. 우리는 가장 가격이 저렴한 프린터를 주문할 것이다.
4. Monica는 모든 직원들 중에서 가장 활동적인 사람이다.
5. Jennifer는 내가 지금까지 만난 가장 상냥한 인터뷰 진행자였다.
6. 인도는 세계에서 두 번째로 많은 인구를 보유하고 있다.
7. 그 휴가 여행은 그녀의 가장 소중한 어린 시절 추억이었다.
8. 그 영상은 올해 가장 재미있는 비디오였다.
9. 이것은 회사에서 진행했던 가장 공격적인 캠페인이다.
10. Randy는 가장 숙련된 후보자들 중 하나이다.

B

정답

1. most advanced
2. easier
3. more regularly
4. as soon
5. newest
6. more detailed
7. least direct
8. as smooth
9. more busily
10. most critical

토익 실전연습　　p.126

정답

1. (B)	2. (D)	3. (A)	4. (B)	5. (C)	6. (D)
7. (B)	8. (D)	9. (A)	10. (D)	11. (C)	12. (C)

1.

이 수영장은 다른 곳들보다 더 탄력적인 레슨 시간을 제공하고 있다.

(A) flexible
(B) more flexible
(C) most flexible
(D) the more flexible

해설

문장의 뒷부분에 than이 있는 것으로 보아 빈칸에는 비교급이 와야 한다. 따라서 정답은 (B)이다.

2.

그들은 시장에서 가장 가벼운 노트북을 구매하고 싶어 한다.

(A) lights
(B) lighting
(C) lighter
(D) lightest

해설

빈칸 앞에 정관사 the가 있고 빈칸 뒤에 명사가 있으므로 형용사의 최상급을 정답으로 골라야 한다. 따라서 정답은 (D)이다.

3.

나는 Dylan이 다른 팀원들만큼 근면했다는 것을 인정한다.

(A) diligent
(B) more diligent
(C) diligently
(D) diligence

해설

'as + 형용사/부사 + as'는 원급비교 구문으로서, as와 as 사이에는 형용사나 부사의 원급이 와야 한다. 빈칸에는 was의 보어 자리이므로 형용사가 와야 한다. 따라서 형용사의 원급인 (A)가 정답이다.

4.

조사에 따르면, 모나코가 두 번째로 가장 작은 나라이다.

(A) second
(B) the second
(C) two
(D) the two

해설

the와 최상급 사이에 서수가 들어가면 '~번째로 가장 ~한'이라는 의미가 된다. 보기 중에서 (B)의 the second가 빈칸에 오기에 가장 적절하다.

5.

야간 근무를 하는 것이 둘 중에 더 나은 선택인 것 같다.

(A) good
(B) better
(C) the better
(D) best

'the + 비교급 + of the two' 구문은 비교 대상이 둘뿐일 때 둘 중에서는 어느 하나가 더 좋다는 의미이다. 정답은 (C)의 the better 이다.

6.

원 월드 트레이드 센터가 현재 미국에서 가장 높은 건물이다.

(A) tall
(B) taller
(C) the taller
(D) the tallest

빈칸 앞에 정관사가 없으므로 원급인 (A)는 정답이 될 수 없고, 비교 대상이 없으므로 비교급인 (B)와 (C)도 정답이 될 수 없다. 정답은 최상급인 (D)이다.

7.

Chapman 씨는 손실에 대해 나만큼 실망했다.

(A) my
(B) me
(C) mine
(D) myself

원급 비교 구문인 'as ~ as'의 뒤에는 명사가 와야 하는데, as를 전치사로 볼 경우 as 뒤에는 목적격이 와야 한다. 정답은 (B)이다.

8.

2019년은 회사 역사상 최고의 이익을 기록한 해였다.

(A) profit
(B) profitable
(C) more profitable
(D) most profitable

빈칸 앞에 정관사 the가 있으므로 형용사의 최상급인 (D)의 most profitable이 정답이다.

9.

XJ9000는 이전 모델보다 훨씬 더 실용적으로 보인다.

(A) a lot
(B) a lot of
(C) many
(D) very

비교급을 강조하는 부사에는, a lot, far, much 등이 있다. 정답은 (A)이다. 비교급을 강조할 때 very가 사용되지 않는다는 사실에 유의하자.

10.

나의 가장 친한 친구 중 한 명이 휴가 기간 동안 나와 함께 머물 것이다.

(A) close
(B) the closer
(C) closest
(D) my closest

'one of the 최상급'은 '가장 ~한 것들 중 하나'라는 의미의 표현인데, 최상급 앞에는 정관사 the 대신에 대명사의 소유격이 올 수도 있다. 따라서 정답은 (D)이다.

11.

Simpson 씨는 가능한 한 분명하게 그의 분석을 설명했다.

(A) clear
(B) clearer
(C) clearly
(D) more clearly

원급 비교 구문인 'as ~ as' 사이에 형용사와 부사 중에서 어느 것이 들어가야 할 지 선택해야 하는 문제인데, 이러한 문제는 as 이하의 내용을 없다고 생각하면 쉽게 풀 수 있다. 이 문제의 경우에도 as의 바로 앞까지를 보면 완전한 문장의 형태를 확인할 수 있으므로 부사의 원급인 (C)를 정답으로 고르면 된다.

12.

더 많은 데이터를 수집할수록, 더 정확한 결과를 얻게 될 것이다.

(A) accurate
(B) more accurate
(C) the more accurate
(D) most accurate

비교급 앞에 the가 있으므로 '~할수록 더 ~하다'라는 표현인 'the + 비교급, the + 비교급' 형태의 문장임을 알 수 있다. 따라서 정답은 (C)이다.

정답

1. 나는 그것이 너무 복잡했기 때문에 그 이야기를 이해할 수 없었다.
2. SJ 화학 주식회사는 모든 직원들에게 유연 시간 근무 제도를 제공한다.
3. Green 박사는 세미나에서 지적 재산에 대해 이야기할 것이다.
4. 우리는 행사에 더 적합한 복장을 착용해야 한다.
5. 당신은 가능한 한 빨리 당신의 직장 동료에게 연락해야 한다.
6. 관리자는 우리에게 비밀번호를 더 자주 변경하라고 충고했다.

Unit 13 가정법

확인 학습 ❶ p.131

A

정답

1. ⓑ   2. ⓐ   3. ⓑ   4. ⓐ

B

정답

1. be
2. slowed
3. did not
4. would
5. were
6. had
7. were not
8. call
9. knew
10. be

해석

1. 당신이 신분증을 가지고 있다면, 입구에서 저지당하지 않을 텐데.
2. 그 자동차가 속도를 늦춘다면, 승객들이 안전하다고 느낄 텐데.
3. 그녀가 치통을 앓고 있지 않다면, 그녀는 케이크를 주문할 텐데.
4. 컴퓨터가 고장 나지 않았다면, Gloria는 아직 일하고 있을 텐데.
5. Warren 씨가 은퇴할 준비가 되었다면, 그는 퇴사할 텐데.
6. 그들이 동일한 모델을 갖고 있다면, 그들은 같은 문제를 가지고 있을 텐데.
7. 그 그림이 모조품이 아니라면, 그것은 백만 달러 이상의 가치가 있을 텐데.
8. 필요한 부품이 없으면, 작업자들이 사무실에 전화할 텐데.
9. 내가 모든 답을 안다면, 나는 만점을 받을 텐데.
10. 음식이 충분히 많다면, 어린이들은 배가 고프지 않을 텐데.

확인 학습 ❷

p.133

A

정답

1. have forgiven
2. had not lost
3. may stop
4. have gotten
5. have learned
6. had had
7. have
8. would not have worried

해석

1. 당신이 사과했다면, 당신의 친구가 용서했을 텐데.
2. 내가 열쇠를 분실하지 않았다면, 나는 안에서 기다렸을 텐데.
3. 혹시 그들이 어떠한 결함이라도 발견하게 되면, 생산은 언제든지 중단될 것이다.
4. 그녀가 지원서를 제출했다면, 그녀는 취직을 했을 텐데.
5. 실패가 없었다면, 그는 결코 교훈을 얻지 못했을 텐데.
6. 내가 더 많은 돈을 가지고 있었다면, 나는 두 박스를 구매했을 텐데.
7. 혹시 다른 문의 사항이 있다면, 이 번호로 전화하세요.
8. 적합한 후보자가 있었다면, 우리는 걱정하지 않았을 텐데.

B

정답

1. If I had purchased
2. should be sold out
3. might have lost
5. If it had not been for
6. would not have contacted
7. If there should be

확인 학습 ❸

p.135

A

정답

1. Had we watched the movie
2. Were the product popular
3. Had the order been taken correctly

4. Should you need assistance
5. Were it not for public transportation
6. Had she received the warning sooner

해석

1. 우리가 그 영화를 보았다면, 우리는 그 배우를 알았을 텐데.
2. 그 제품이 인기가 있다면, 판매량이 증가할 텐데.
3. 주문이 제대로 되었더라면, 웨이터가 우리에게 샐러드 두 개를 가져왔을 텐데.
4. 혹시 도움이 필요하게 되면, 고객 서비스 직원에게 이야기해 주세요.
5. 대중 교통이 없다면, 교통 상황이 끔찍할 텐데.
6. 그녀가 더 빨리 경고를 받았더라면, 그녀는 더 쉽게 문제를 해결했을 텐데.

B

정답

1. F	2. T	3. F	4. T	5. T
6. F	7. T	8. F	9. T	10. T

해석

1. 그들이 개조 공사를 끝냈더라면, 우리는 그곳에서 일을 시작할 수 있었을 텐데.
2. 나의 관리자는 그 계획이 취소되어야 한다고 주장했다.
3. 나의 동료가 이 기사를 읽으면 좋을 텐데.
4. 그녀에게 경험이 있었다면, 그녀는 무엇을 해야 할 지 알았을 텐데.
5. 내가 더 큰 텔레비전을 구입했다면 좋았을 텐데.
6. 노동 조합은 회사측이 더 협조적일 것을 요구하고 있다.
7. Nancy가 나의 멘토라면, 나는 그녀에게 많은 것을 배울 텐데.
8. 이 이메일이 없었다면, 그들은 나의 말을 믿지 않았을 텐데.
9. 선택할 더 많은 옵션이 있다면 좋을 텐데.
10. 전문가는 추정치가 매주 업데이트되어야 한다고 조언했다.

토익 실전연습

p.136

정답

1. (B)	2. (A)	3. (C)	4. (D)	5. (C)	6. (C)
7. (B)	8. (D)	9. (A)	10. (B)	11. (A)	12. (D)

1.

이 공간이 사용 가능하다면, 당신은 추가 요금 없이 이곳을 사용할 수 있을 텐데.

(A) is
(B) were
(C) would be
(D) had been

해설
주절의 동사가 'could + 동사원형'이므로 이는 가정법 과거 구문이다. 그러므로 if절의 동사는 과거형인 (B)의 were가 되어야 한다. 가정법 과거 구문에서 be동사는 주어에 상관없이 were가 사용된다.

2.

혹시 더 많은 예산을 원한다면, 이 양식을 작성하면 된다.

(A) should
(B) would
(C) will
(D) had

해설
주절의 동사가 'can + 동사원형'이므로 가정법 미래 문장임을 알 수 있다. 가정법 미래 구문에서 if절의 동사는 'should + 동사원형'이므로 정답은 (A)이다.

3.

나의 동료들이 새로운 근무 스케줄을 좋아하면 좋을 텐데.

(A) like
(B) likes
(C) liked
(D) will like

해설
가정법의 시제와 똑같이 'I wish 가정법' 구문에서 종속절의 동사는 '과거형', 또는 '과거완료형'이 되어야 한다. 보기에서 과거완료형 동사는 없으므로 과거형 동사인 (C)의 liked가 정답이다.

4.

우리가 Steve와 함께 논의할 수 있었다면, 그는 우리를 도와 줬을 텐데.

(A) help
(B) helped
(C) had helped
(D) have helped

해설
if가 생략되고 had가 앞으로 도치된 가정법 과거완료 문장이다. 가정법 과거완료 문장에서 주절의 동사는 '조동사의 과거형 + have p.p.'이므로 정답은 (D)이다.

5.

그들이 보안 시스템을 설치했더라면, 그들은 데이터를 잃지 않았을 텐데.

(A) install
(B) have installed
(C) had installed
(D) could have installed

해설
주절의 동사가 'would + have + p.p.'이므로 가정법 과거완료 형태의 문장이다. 따라서 if절의 동사는 'had + p.p.'가 되어야 하므로 정답은 (C)이다.

6.

인사부는 우리가 더 많은 직원들을 채용할 것을 제안했다.

(A) will
(B) can
(C) should
(D) would

해설
주절의 동사 suggest의 목적어절에서 동사는 'should + 동사원형'의 형태여야 하며, 이때 should는 생략될 수 있다. 따라서 빈칸에는 (C)의 should가 와야 한다.

7.

나의 친구가 조리법을 안다면, 그녀는 분명히 내게 알려 줄 텐데.

(A) knows
(B) knew
(C) has known
(D) had known

해설
주절의 동사가 'would + p.p.'이므로 이는 가정법 과거 문장이다. 가정법 과거 문장의 if절에서는 과거형 동사가 사용되므로 정답은 (B)이다.

8.

자동차 컨벤션에 더 많은 회사가 있었다면 좋았을 텐데.

(A) is
(B) are

(C) have been

(D) had been

해설

'I wish + 가정법' 구문도 가정법 과거, 가정법 과거완료와 마찬가지로 종속절의 동사는 과거형, 또는 과거완료형이 되어야 한다. 보기에서 과거형 동사는 없으므로 과거완료형인 (D)의 had been이 정답이 된다.

9.

당신의 도움이 없다면, 나는 나의 꿈을 달성하지 못할 텐데.

(A) Were

(B) Is

(C) Would be

(D) Had been

해설

'~이 없다면'이라는 의미의 가정법 과거 구문인 'If it were not for ~'에서 if가 생략되면 'Were it not for ~'의 형태가 된다. 정답은 (A)이다.

10.

혹시 더 많은 정보가 필요하시면, 아래의 웹사이트를 확인하세요.

(A) Shall

(B) Should

(C) Will

(D) Would

해설

주절이 명령문인 가정법 미래 구문이다. 가정법 미래의 경우 if절의 동사는 'should + 동사원형'인데, 이때 if가 생략되면 should가 문장의 맨 앞으로 이동한다. 따라서 정답은 (B)이다.

11.

팀원들은 Henderson 씨가 더 합리적이어야 한다고 주장한다.

(A) be

(B) is

(C) was

(D) were

해설

동사 insist의 목적절에서 동사는 가정법 문장에서와 같이 'should + 동사원형'의 형태가 되어야 하며, 이때 should는 생략이 가능하다. 위 문장에서도 빈칸 앞에 should가 생략되어 있으며 빈칸에는 be동사의 원형인 (A)가 와야 한다.

12.

그가 자동차를 소유하고 있었더라면, 나를 공항까지 태워다 줬을 텐데.

(A) has

(B) have

(C) has had

(D) had had

해설

주절의 동사가 'would + have + p.p.'이므로 가정법 과거완료 문장이다. 따라서 정답은 (D)이다.

✓ **보카 체크업**   p.138

정답

1. accomplish

2. inquiry

3. defective

4. cooperative

5. at no charge

6. apology

Actual Test 01   p.140

정답

1. (D)	2. (C)	3. (C)	4. (A)	5. (B)
6. (A)	7. (C)	8. (B)	9. (A)	10. (D)
11. (D)	12. (C)	13. (D)	14. (B)	15. (B)
16. (A)	17. (C)	18. (B)	19. (C)	20. (A)
21. (B)	22. (D)	23. (D)	24. (D)	25. (A)
26. (B)	27. (B)	28. (A)	29. (C)	30. (D)

1.

예약을 하기 위해서, 당신은 식당에 전화해야 한다.

(A) reserve

(B) reserving

(C) reserved

(D) reservation

빈칸 앞에 부정관사 a가 있으므로 명사를 정답으로 골라야 한다. 보기 중에서 명사는 (D)의 reservation뿐이다.

어휘

in order to ~하기 위해서   make a reservation 예약하다   reserve 예약하다

2.

그 남자는 신용카드를 사용해서 구매할 것을 요청받았다.

(A) he
(B) him
(C) his
(D) himself

해설

가산명사인 credit card는 단독으로 쓰일 수 없고, 앞에 관사나 소유격 대명사가 와야 한다. 정답은 (C)이다.

어휘

be asked to ~하도록 요청을 받다   credit card 신용카드   make a purchase 구매하다

3.

위원회의 의장이 내일 수상자를 발표할 것이다.

(A) announced
(B) has announced
(C) will announce
(D) was announcing

해설

미래시제를 나타내는 단어인 tomorrow가 있으므로 동사의 미래시제인 (C)의 will announce가 정답이 된다.

어휘

director 임원; 책임자   committee 위원회   announce 발표하다

4.

박물관의 웹사이트는 가족들을 위한 다가오는 전시회를 소개하고 있다.

(A) upcoming
(B) missing
(C) according
(D) understanding

해설

명사인 exhibition을 수식하기에 적절한 어휘를 고르는 문제이다. 의미상 적절한 것은 '다가오는'이라는 의미인 (A)의 upcoming이다.

어휘

museum 박물관   introduce 소개하다   exhibition 전시회
upcoming 다가오는   missing 없어진   according 일치되는; ~에 따라서   understanding 이해심 있는

5.

참가자들은 항상 전문적인 태도를 유지해야 한다.

(A) profession
(B) professional
(C) professionally
(D) professionals

해설

빈칸 뒤에 명사인 attitude가 있으므로 형용사인 (B)의 professional이 정답임을 쉽게 알 수 있다. 이와 같이 품사의 형태만으로 문제를 풀 수 있는 경우도 많이 있다.

어휘

participant 참가자   attitude 태도   at all times 항상   profession 직업   professional 전문적인; 전문직 종사자

6.

몇몇 식당들이 세 단계의 코스 요리를 정가에 제공하고 있다.

(A) Some
(B) Much
(C) Each
(D) Another

해설

적절한 수량형용사를 고르는 문제이다. 빈칸 뒤의 restaurants는 가산명사의 복수형인데, 보기 중에서 복수가산명사 앞에 올 수 있는 것은 (A)의 some이다.

어휘

serve 제공하다   three-course meal 세 단계의 코스 요리   fixed price 정식 가격, 정해진 가격

7.

수습 직원들은 화요일과 금요일 모두 세미나에 참석해야 한다.

(A) either
(B) neither
(C) both
(D) not only

상관접속사를 묻는 문제로서, '화요일과 금요일 두 번 모두'를 의미해야 하므로 정답은 (C)의 both이다. 의미를 모른다고 해도 빈칸 뒤의 접속사 and를 보고 both를 정답으로 찾을 수 있어야 한다.

trainee 수습 직원   attend 참석하다

8.

당신의 계좌 정보는 앞으로 10분 동안 이용할 수 없다.

(A) to
(B) for
(C) on
(D) as

적절한 전치사를 고르는 문제이다. 빈칸 뒤에 '10분'이라는 기간이 있기 때문에 기간 앞에 사용되는 전치사인 (B)의 for가 정답이 된다.

account 계좌   access 접속하다

9.

Graham 씨는 변호사에게 그녀의 편지들을 개봉하는 것을 허가했다.

(A) permission
(B) evaluation
(C) compliment
(D) expectation

적절한 어휘를 고르는 문제이다. Graham 씨가 변호사에게 편지를 개봉할 수 있도록 '허가'해 주었다는 의미가 되어야 자연스러우므로 정답은 (A)의 permission이다.

lawyer 변호사   permission 허가   evaluation 평가   compliment 칭찬, 찬사   expectation 예상, 기대

10.

그 제빵사는 고객의 반응에 기뻐했다.

(A) please
(B) pleases
(C) pleasing
(D) pleased

please는 '~을 기쁘게 하다'라는 의미이므로, 주어가 기뻐한다는 의미가 되려면 수동태 형식이 되어야 한다. 따라서 정답은 (D)의 pleased인데, 이때 전치사는 by가 아닌 with가 사용된다. 'be pleased with'는 상당히 많이 사용되는 표현이므로 숙어처럼 기억해 두어야 한다.

customer 고객   reaction 반응   be pleased with ~으로 기쁘다

11.

전액 환불을 받으려면 경기 3일 전에 취소를 요청해야 한다.

(A) cancel
(B) canceling
(C) canceled
(D) cancellation

빈칸 앞에 정관사 the가 있고 바로 뒤에 동사가 이어지므로 빈칸은 주어 자리이다. (B)의 canceling을 동명사로 볼 경우, 동명사의 목적어 역할을 하는 명사가 뒤따라야 하는데 그렇지 않고, 또한 동명사의 경우 앞에 관사를 함께 쓸 수 없기 때문에 이는 정답이 될 수 없다. 정답은 명사인 (D)의 cancellation이다.

request 요청하다   refund 환불   cancel 취소하다   cancellation 취소

12.

Marie는 매주 토요일 저녁에 친구들과 함께 고전 영화 관람을 즐긴다.

(A) watch
(B) to watch
(C) watching
(D) watched

enjoy는 동명사를 목적어로 취하는 동사이므로 정답은 (C)이다. 동명사를 목적어로 취하는 동사에는 avoid, consider, suggest, recommend, finish 등이 있다.

classic film 고전 영화

13.

당신의 전화번호를 다른 사람에게 주는 것이 항상 좋은 생각인 것은 아니다.

(A) any

(B) some
(C) other
(D) others

해설

적절한 부정대명사를 고르는 문제이다. 부정대명사 other는 단독으로 사용될 수 없으며 any는 부정문이나 의문문에서 사용되므로 정답에서 제외된다. 문맥상 some은 뒤에 구체적인 표현이 함께 쓰여야 하므로 적절하지 않다. 빈칸에는 '다른 사람들'을 의미하는 (D)의 others가 정답이 된다.

어휘

not always 항상 ~인 것은 아니다

14.

그 기술자가 오늘 오후에 업데이트된 시스템을 설명할 것이다.

(A) updating
(B) updated
(C) update
(D) updates

해설

명사인 system을 수식해야 하므로 동사나 명사로 쓰이는 (C)와 (D)는 정답이 될 수 없다. system은 사물명사로서 '업데이트 되어야' 하므로 과거분사인 (B)의 updated가 정답이 된다.

어휘

engineer 기술자, 기사   explain 설명하다

15.

Jones 씨는 어린 학생들에게 시간을 보다 효과적으로 사용해야 한다고 조언했다.

(A) effective
(B) effectively
(C) effectiveness
(D) effect

해설

빈칸 앞에 more가 있으므로 형용사나 부사 중에서 정답을 골라야 한다. to부정사인 to spend를 수식해야 하므로 정답은 부사인 (B)의 effectively이다.

어휘

advise 조언하다   effective 효과적인   effectively 효과적으로
effectiveness 유효성   effect 영향, 효과

16.

Watkinson 서비스 주식회사는 다른 어떤 회사보다도 더 큰 투자를 했다.

(A) greater
(B) as great
(C) greatly
(D) more greatly

해설

'비교급 + any other 명사'는 '가장 ~한'이라는 최상급을 의미하는 비교급 표현이다. 정답은 (A)의 greater이다.

어휘

investment 투자

17.

모든 직원들이 금요일에 평상복을 입는 것이 우리의 새로운 정책이다.

(A) wear
(B) wears
(C) to wear
(D) wearing

해설

빈칸에는 가주어 it의 진주어가 와야 하므로 to부정사인 (C)의 to wear가 정답이 된다. 빈칸 앞의 for all employees는 to부정사의 의미상 주어이다.

어휘

policy 정책   employee 종업원, 고용인   casual clothes 평상복

18.

다음 달에 만료되기 전에 당신은 면허증을 갱신해야 한다.

(A) purchases
(B) expires
(C) follows
(D) realizes

해설

'_____하기 전에 면허증을 갱신하라'는 의미인데, 빈칸에 들어가기에 의미상 가장 적절한 것은 '만료되다'라는 뜻인 (B)의 expires이다. 동사의 종류를 통해 문제를 풀 수도 있는데, 빈칸 뒤에 목적어가 없으므로 보기 중에서 유일한 자동사인 expire가 정답임을 알 수 있다.

어휘

license 면허증   purchase 구매하다   expire 만료되다

19.

행사 일정표는 엘리베이터 옆 벽면에 게시될 것이다.

(A) among
(B) through
(C) beside
(D) about

해설

적절한 전치사를 고르는 문제이다. '엘리베이터 옆 벽면'이라는 의미가 되어야 자연스러우므로 '~의 옆에'라는 뜻의 전치사인 beside가 정답이다.

어휘

event 행사 schedule 일정표 post 게시하다

20.

그가 배터리를 교체했음에도 불구하고, 손전등은 켜지지 않았다.

(A) Although
(B) Because
(C) Despite
(D) Because of

해설

빈칸 뒤에 완전한 절이 있으므로 전치사인 (C)와 (D)는 정답에서 제외된다. 빈칸이 포함된 절과 주절의 내용이 서로 상반되고 있으므로 정답은 (A)의 although이다.

어휘

flashlight 손전등 turn on 켜다, 켜지다

21.

이 제품들의 가격에는 2년간의 보증이 포함되어 있다.

(A) include
(B) includes
(C) including
(D) inclusion

해설

주어인 the price가 단수이므로 정답은 (B)의 includes이다. 빈칸 바로 앞의 명사가 products인 복수형이라고 해서 복수동사인 include를 정답으로 고르는 실수를 하지 말아야 한다.

어휘

warranty 보증 include 포함하다 inclusion 포함

22.

그 단편 영화는 지난 6개월 동안 계속적인 찬사를 받아 왔다.

(A) receives
(B) is receiving
(C) will receive
(D) has received

해설

기간을 나타내는 부사구인 'for the past six months'가 있으므로 현재완료 시제인 (D)의 has received가 정답이 된다.

어휘

consistent 계속적인 praise 찬사

23.

재무팀장은 수익 증가에 만족했다.

(A) complicated
(B) interested
(C) advanced
(D) satisfied

해설

수동태 표현들을 알고 있다면 단어의 의미를 모르더라도 문제를 풀 수 있다. 보기 중에서 전치사 with를 수반하는 것은 (D)의 satisfied뿐이다. 나머지 보기들은 전치사 in을 수반한다.

어휘

finance 재정, 재무 increase 증가 profit 수익, 이윤 be complicated in ~에 얽히다

24.

사고가 났었다면, 여행 가이드가 우리에게 전화했을 텐데.

(A) was
(B) were
(C) has been
(D) had been

해설

주절의 동사가 would have p.p.의 형태이므로 이는 가정법 과거완료 구문이다. 따라서 정답은 (D)의 had been이다.

어휘

accident 사고 tour guide 여행 가이드

25.

그 도시는 7월에 문을 여는 새로운 지역 센터를 건설하고 있다.

(A) which
(B) who
(C) whose
(D) what

빈칸은 주격 관계대명사 자리이며, 선행사인 community center 가 사물이기 때문에 정답은 (A)의 which이다.

community 지역 사회

26.
이 설명서는 커피 머신이 어떻게 청소되어야 하는지를 알려 줄 것이다.

(A) about
(B) how
(C) who
(D) during

빈칸은 명사절을 이끄는 접속사가 와야 하는 자리이다. 보기 중에서 명사절 접속사로 사용될 수 있는 것은 how와 who뿐인데 빈칸 뒤에 완전한 형태의 절이 나오므로 정답은 (B)의 how이다.

manual 설명서   clean 청소하다

27.
그들의 가장 중요한 책무 중 하나는 업무 현장을 안전하게 유지하는 것이다.

(A) responsibility
(B) responsibilities
(C) responsible
(D) responsibly

'one of the 최상급 + 복수명사'은 '가장 ~한 것들 중 하나'라는 의미의 최상급 표현이다. 따라서 복수명사인 (B)의 responsibilities가 정답이 된다.

workplace 직장, 업무 현장   responsibility 책임   responsible 책임이 있는   responsibly 책임감 있게

28.
회사는 문제를 피하기 위해 필요한 조치를 즉시 취해야만 한다.

(A) immediately
(B) unusually
(C) fluently
(D) relatively

의미상 적절한 의미의 부사를 고르는 문제이다. 문제를 피하기 위해서는 필요한 조치를 '즉시' 취해야 할 것이므로 정답은 (A)의 immediately이다.

take action ~에 대해 조치를 취하다   necessary 필요한   avoid 피하다   immediately 즉시   unusually 드물게   fluently 유창하게   relatively 비교적

29.
Starland 장난감 회사는 온라인에서 희귀한 골동품 인형을 판매하는 것으로 알려져 있다.

(A) sell
(B) sells
(C) selling
(D) sold

빈칸은 전치사 for의 목적어가 와야 하는 자리이므로 동명사인 (C)의 selling이 정답이 된다.

be known for ~으로 알려져 있다   rare 희귀한   antique 골동품, 골동품의

30.
갑작스러운 변경 사항이 있지 않다면, 우리는 원래의 계획을 계속 고수할 것이다.

(A) Yet
(B) Since
(C) If
(D) Unless

갑작스러운 변경 사항이 있다는 내용과 원래의 계획을 계속 고수할 것이라는 내용은 서로 반대되는 내용이다. 따라서 '만약 ~하지 않다면'이라는 의미의 접속사인 (D)의 unless가 정답이다.

sudden 갑작스러운   continue 계속하다   original 원래의

Actual Test 02

p.144

정답

1. (D)	2. (B)	3. (C)	4. (A)	5. (A)
6. (B)	7. (B)	8. (A)	9. (C)	10. (A)
11. (D)	12. (D)	13. (C)	14. (B)	15. (D)
16. (C)	17. (A)	18. (A)	19. (B)	20. (C)
21. (B)	22. (D)	23. (C)	24. (B)	25. (C)
26. (A)	27. (A)	28. (B)	29. (C)	30. (D)

1.

새로운 판매 촉진 활동은 다음 주 토요일에 시작될 것이다.

(A) begin
(B) began
(C) has begun
(D) will begin

해설

미래의 시점을 의미하는 'next Saturday'가 있으므로 미래시제인 (D)의 will begin이 정답이 된다.

어휘

promotion 홍보 활동

2.

이름표들은 입구 근처의 책상 위에 진열되어 있다.

(A) in
(B) on
(C) for
(D) of

해설

장소를 나타내는 전치사를 고르는 문제로서, 책상 '위에' 진열되어 있다는 의미가 되어야 하므로 정답은 (B)의 on이다.

어휘

name tag 이름표, 명찰   display 진열하다   entrance 입구

3.

Porter 씨는 공정함에 대한 인상적인 연설로 사람들을 설득했다.

(A) impress
(B) impression
(C) impressive
(D) impressively

해설

빈칸은 명사인 speech를 수식하는 품사가 와야 하는 자리이다. 따라서 형용사인 (C)의 impressive가 정답이 된다.

어휘

persuade 설득하다   speech 연설   impress 인상을 주다
impression 인상   impressive 인상적인

4.

과장 아니면 대리가 당신의 질문에 답변할 것이다.

(A) or
(B) nor
(C) and
(D) but

해설

상관 접속사 문제로서 either를 보자마자 (A)의 or를 정답으로 고를 수 있어야 한다.

어휘

either A or B A와 B 중 어느 하나   assistant manager 대리, 부팀장

5.

당신의 손을 자주 씻는 것은 감기에 걸릴 위험을 감소시킬 것이다.

(A) frequently
(B) urgently
(C) nearly
(D) fortunately

해설

적절한 의미의 부사를 고르는 문제이다. 감기에 걸릴 위험을 감소시키려면 손을 '자주' 씻어야 한다는 내용이 되어야 자연스러우므로 정답은 (A)의 frequently이다.

어휘

reduce 감소시키다   catch a cold 감기에 걸리다   frequently 자주
urgently 급히   nearly 거의   fortunately 운 좋게도

6.

Jessica Murphy에게 올해의 사원 상을 시상하게 되어서 기쁩니다.

(A) present
(B) to present
(C) presented
(D) to be present

'be glad to + 동사원형'은 '~해서 기쁘다'라는 표현으로서, 매우 자주 사용되므로 암기하고 있어야 한다. 정답은 (B)이다.

어휘 award 상 present 주다

7.
택배 회사가 주문품의 배송을 확인하기 위해서 당신에게 이메일을 보낼 것이다.

(A) deliver
(B) delivery
(C) delivered
(D) delivering

해설
빈칸 앞에 정관사 the가 있고 빈칸 뒤에 전치사 of가 있으므로 명사를 정답으로 골라야 하는 문제이다. 정답은 명사인 (B)의 delivery이다.

어휘 shipping company 택배 회사, 운송 회사 confirm 확인하다 order 주문 delivery 배송

8.
Planet K 네트웍스에서 보낸 소포는 아마도 내일 도착할 것 같다.

(A) arrive
(B) arrival
(C) be arrived
(D) to be arrived

해설
빈칸 앞에 조동사인 will이 있으므로 동사 원형이 와야 한다. 동사 arrive는 수동태로 쓰이지 않는 동사이므로 (A)의 arrive가 정답이 된다.

어휘 probably 아마도 arrive 도착하다

9.
그가 매표소에 도착했을 때, 이미 구매할 수 있는 표가 없었다.

(A) considerate
(B) impossible
(C) available
(D) aggressive

해설
적절한 의미의 형용사를 고르는 문제이다. '구매할 수 있는 티켓이 없었다'는 내용이 되어야 자연스러우므로, '구할 수 있는'이라는 의미의 available이 빈칸에 오는 것이 가장 자연스럽다.

어휘 ticket office 매표소 considerate 사려 깊은 impossible 불가능한 available 구할 수 있는 aggressive 공격적인

10.
나의 모든 팀원들은 이번 주 수요일까지 보고서를 제출해야 한다.

(A) by
(B) until
(C) to
(D) of

해설
'~까지'라는 '기한'을 표현할 때에는 전치사 by를 써야 한다. until 역시 '~까지'라고 해석되기는 하지만, 이는 기한이 아닌 특정 시점까지 계속되는 행동을 표현할 때 사용된다.

어휘 submit 제출하다 report 보고서

11.
최고경영자는 2시 30분에서 4시 30분 사이에는 예정된 약속이 없다.

(A) schedule
(B) schedules
(C) scheduling
(D) scheduled

해설
명사인 appointment를 수식할 수 있는 분사를 골라야 한다. 약속이 스스로 일정을 잡을 수는 없으므로 수동의 의미를 지닌 과거분사 scheduled가 정답으로 적절하다.

어휘 appointment 약속 schedule 일정; 일정을 잡다 scheduled 예정된

12.
오늘 기온은 평소보다 훨씬 낮은 것 같다.

(A) very
(B) a lot of
(C) many
(D) much

[해설]

형용사의 비교급인 lower를 수식할 수 있는 부사는 (D)의 much 뿐이다. 비교급을 수식할 수 있는 부사에는 far, by far, a lot, much, even 등이 있다.

[어휘]

temperature 온도   usual 평상시의

13.

운 좋게도, 프로그램에 있던 몇 가지 결함들이 출시일 이전에 발견되었다.

(A) advantages
(B) performances
(C) defects
(D) expectations

[해설]

의미상 적절한 명사를 고르는 문제이다. 출시일 전에 '결함 (defect)'이 발견된 것이 다행이라는 내용이 되어야 자연스러우므로 정답은 (C)이다.

[어휘]

release 출시   advantage 이점, 장점   performance 성과   defect 결함   expectation 예상

14.

발표에 따르면 그 상점은 곧 문을 닫을 것이다.

(A) short
(B) shortly
(C) shorten
(D) shorter

[해설]

빈칸은 동사인 close를 수식하는 품사가 와야 할 자리이므로 부사인 (B)의 shortly가 정답이 된다. (A)의 short를 부사로 볼 경우, 이는 '거리가 짧게', 혹은 '~이 부족하게'라는 뜻이므로 빈칸에 오기에 의미상 적절하지 않다.

[어휘]

announcement 안내, 발표   short 짧은   shortly 곧

15.

나는 인사부서에 연락을 시도할 가치가 있었다고 생각한다.

(A) try
(B) tried
(C) to try
(D) trying

[해설]

'~할 가치가 있다'라는 표현은 'be worth –ing'이다. 정답은 (D)이다.

[어휘]

contact 연락하다   human resources department 인사부서   be worth –ing ~할 가치가 있다

16.

이번 15분간의 휴식은 그들에게 신선한 공기를 쐴 기회를 줄 것이다.

(A) they
(B) their
(C) them
(D) themselves

[해설]

4형식 문장으로서, 빈칸은 간접목적어가 와야 하는 자리이다. 주어인 break와 목적어가 일치하지 않으므로 재귀대명사인 (D)는 정답이 될 수 없다. 정답은 목적격 대명사인 (C)이다.

[어휘]

break 휴식   fresh 신선한

17.

그 비서는 내가 Adams 씨에게 메시지를 남길 것인지를 물었다.

(A) if
(B) that
(C) who
(D) while

[해설]

명사절 접속사를 고르는 문제이다. 빈칸 다음에는 완전한 형태의 절이 등장하므로 (A)와 (B) 중에서 정답을 골라야 한다. 그런데 ask는 if나 whether절을 목적어로 취하는 동사이므로 정답은 (A)이다.

[어휘]

secretary 비서   message 메시지

18.

South Tree 인터내셔널은 PLK 운송 회사와 3개월 간의 계약을 체결했다.

(A) contract
(B) contracts
(C) contracting
(D) contracted

빈칸은 동사 sign의 목적어 자리이므로 명사인 (A)와 (B) 중에서 정답을 골라야 한다. 그런데 signed 뒤에 부정관사인 a가 있으므로 단수명사인 (A)의 contract가 정답이 된다.

어휘

contract 계약서; 계약하다

19.

이번 분기의 이자율은 지난 분기보다 더 높다.

(A) this
(B) that
(C) these
(D) those

해설

빈칸은 지시대명사가 와야 하는 자리인데, 'interest rate'를 지칭해야 하므로 단수인 that이 정답이 된다. this는 앞에서 언급된 명사를 대신할 수 없다.

어휘

quarter 분기   interest rate 이자율

20.

회사의 연례 만찬 행사는 성공적으로 끝났다.

(A) success
(B) successful
(C) successfully
(D) succeeded

해설

빈칸은 동사인 finished를 수식하는 부사가 와야 하는 자리이므로 정답은 (C)의 successfully이다.

어휘

annual 연례의   celebration 기념 행사

21.

그 점원은 잘못된 품목을 주문한 것에 대해 고객에게 사과했다.

(A) forgave
(B) apologized
(C) guaranteed
(D) approved

해설

적절한 의미의 동사를 골라야 하는 문제이다. 주어인 'the clerk (점원)'이 잘못된 주문으로 인해 'the customer (고객)'에게 해야

하는 행동으로는 '사과'일 것이므로 정답은 (B)의 apologized이다.

어휘

clerk 점원   customer 고객   forgive 용서하다   apologize 사과하다
guarantee 보장하다   approve 승인하다

22.

판매 사원이 잊지 않았었다면, 그는 나에게 영수증을 줬을 텐데.

(A) gave
(B) had given
(C) would give
(D) would have given

해설

if절의 시제가 'had p.p.'이므로 가정법 과거완료 문장이다. 가정법 과거완료에서 주절의 동사는 '조동사의 과거 + have p.p.'의 형태이므로 정답은 (D)이다.

어휘

salesperson 판매 사원   forget 잊다   receipt 영수증

23.

고객들에게 일시적인 폐쇄를 알리는 공지가 문에 게시되어 있다.

(A) inform
(B) informs
(C) informing
(D) informed

해설

수식을 받는 명사인 notice와 보기의 inform이 서로 능동의 관계이므로, '알리는' 이라는 능동의 의미인 현재분사 informing이 정답이 된다.

어휘

notice 공지   temporary 일시적인   closure 폐쇄   inform A of B
A에게 B를 알리다

24.

직책에 대한 각 지원자는 지난주 월요일이나 화요일에 면접을 보았다.

(A) is interviewed
(B) was interviewed
(C) will be interviewed
(D) has been interviewed

해설
과거의 특정 시점을 나타내는 표현은 현재완료시제와 함께 사용될 수 없다. 과거 시점을 의미하는 last week이 있으므로 과거시제인 (B)가 정답이 된다.

어휘
applicant 지원자 position 직책 interview 면접을 보다

25.
관리자들 사이의 논쟁 때문에, 회의는 취소될 것 같다.
(A) Because
(B) Even though
(C) Due to
(D) Since

해설
빈칸 뒤에 절이 아닌 구가 있으므로 접속사인 (A), (B), (D)는 정답이 될 수 없다. (D)의 since가 전치사일 경우 '～ 이래로'라는 의미이므로 정답으로 적절하지 않다. 정답은 (C)이다.

어휘
argument 논쟁 manager 관리자 meeting 회의 cancel 취소하다

26.
공사는 연이은 3주 동안 계속될 예정이다.
(A) consecutive
(B) recent
(C) practical
(D) cooperative

해설
적절한 의미의 형용사를 고르는 문제인데, '연이은'이라는 뜻의 consecutive가 오는 것이 가장 적절하다. 정답은 (A)이다.

어휘
construction 건설, 공사 consecutive 연이은 recent 최근의 practical 실용적인 cooperative 협력하는

27.
이 광고의 상품은 금요일부터 할인 중이다.
(A) has been
(B) have been
(C) be
(D) will be

해설
문장 맨 뒤에 'since Friday'가 있으므로 완료형인 (A)와 (B) 중에

서 정답을 골라야 한다. 주어인 the merchandise가 불가산명사이므로 정답은 (A)이다.

어휘
merchandise 상품 advertisement 광고

28.
크리스마스에 가까워질수록, 이 쇼핑몰은 더 붐비게 될 것이다.
(A) more crowded
(B) the more crowded
(C) most crowded
(D) the most crowded

해설
'더 ～할수록 더 ～해지다'라는 뜻의 'the + 비교급, the + 비교급' 구문을 묻는 문제이다. 정답은 (B)이다.

어휘
crowded 붐비는, 혼잡한

29.
Rosse 테크 주식회사는 나라에서 최고의 프로그램을 개발하기 위해 더 많은 기술자들을 고용할 것이다.
(A) to developing
(B) for development
(C) to develop
(D) by developed

해설
빈칸부터 문장의 끝까지의 내용이 회사에서 직원들을 더 고용하는 목적을 설명하고 있다. 따라서 목적을 나타내는 to부정사인 (C)를 정답으로 골라야 한다.

어휘
engineer 기술자, 연구원 develop 개발하다

30.
방에 있는 어느 누구도 사회자가 상자를 열기 위해 필요한 것을 가지고 있지 않았다.
(A) which
(B) who
(C) that
(D) what

해설
빈칸 앞에 선행사가 없고 빈칸 뒤에는 목적어가 없기 때문에, 빈칸에는 선행사를 포함한 관계대명사인 what이 정답이다.

Actual Test 03
p.148

정답

1. (D)	**2.** (C)	**3.** (B)	**4.** (C)	**5.** (A)
6. (A)	**7.** (D)	**8.** (D)	**9.** (C)	**10.** (B)
11. (C)	**12.** (A)	**13.** (B)	**14.** (D)	**15.** (B)
16. (C)	**17.** (D)	**18.** (C)	**19.** (A)	**20.** (B)
21. (D)	**22.** (D)	**23.** (D)	**24.** (A)	**25.** (A)
26. (B)	**27.** (C)	**28.** (B)	**29.** (D)	**30.** (C)

1.
책임자는 파티에 50명 이상의 손님들을 초대하고 싶어 한다.

(A) invite
(B) invitation
(C) inviting
(D) to invite

해설
want는 to부정사를 목적어로 취하는 동사이므로 정답은 (D)이다. 명사인 (B)의 invitation은 전치사 없이 명사를 취할 수 없기 때문에 정답이 될 수 없다.

어휘
director 책임자   guest 손님   invite 초대하다   invitation 초대

2.
그 고객은 지난 목요일에 문제에 대해서 서비스 부서에 연락했다.

(A) contact
(B) contacts
(C) contacted
(D) will contact

해설
과거를 의미하는 부사구인 'last Thursday'가 있으므로 정답은 (C)의 contacted이다.

어휘
customer 고객   contact 연락하다

3.
그것을 제출하기 전에 모든 질문들은 완전히 답변되어 있어야 한다.

(A) complete
(B) completely
(C) completing
(D) completed

해설
빈칸은 동사인 'be answered'를 수식해야 하므로 부사인 (B)의 completely가 정답이 된다.

어휘
submit 제출하다   complete 완료하다

4.
마케팅 부서장이 새로운 캠페인에 대한 토론을 이끌 것이다.

(A) discuss
(B) discussing
(C) discussion
(D) discussed

해설
빈칸 앞에 부정관사인 a가 있으므로 빈칸에는 명사인 (C)의 discussion이 와야 한다.

어휘
director 책임자   campaign 캠페인, 조직적 활동   discussion 토론

5.
Paul은 주말에 동물 보호소에서 자원 봉사자로 일한다.

(A) as
(B) to
(C) of
(D) despite

해설
의미상 적절한 전치사를 고르는 문제이다. 빈칸 뒤에 사람을 의미하는 volunteer가 있으므로 자격을 나타내는 전치사인 as가 오는 것이 적절하다. 정답은 (A)이다.

어휘
shelter 대피처, 피신처   volunteer 자원 봉사자

6.

긁힌 자국이 TV 화면에 영구적인 손상을 남겨서 그들은 몹시 화가 났다.

(A) permanent
(B) disqualified
(C) previous
(D) trustworthy

해설

빈칸 뒤의 명사인 'damage(손상)'을 수식하기에 적절한 의미의 형용사는 (A)의 permanent이다.

어휘

scratch 긁힌 자국　damage 손상　permanent 영구적인
disqualified 자격을 잃은　previous 이전의　trustworthy 신뢰할 만한

7.

신입 직원들은 도움을 받지 않고 프로젝트를 준비하고 있다.

(A) they
(B) their
(C) them
(D) themselves

해설

의미상 '직접', '도움을 받지 않고'라는 의미가 되어야 하므로 재귀대명사인 (D)의 themselves가 정답이 된다. 문장의 구조를 보더라도, 능동태 문장이기 때문에 by 뒤에 목적격이 올 수 없으므로 재귀대명사가 정답임을 알 수 있다.

어휘

prepare 준비하다　by oneself 혼자서, 도움을 받지 않고

8.

회의실은 새로운 가구와 조명으로 개조될 것이다.

(A) renovate
(B) renovation
(C) be renovating
(D) be renovated

해설

빈칸 앞에 조동사가 있으므로 빈칸에는 동사가 와야 한다. 주어가 사물인 the conference room이므로 동사 renovate와 수동의 관계일 수밖에 없다. 따라서 정답은 (D)이다.

어휘

conference 컨퍼런스, 회의　furniture 가구　lighting 조명　renovate 수리하다, 개조하다

9.

신모델보다 조용했기 때문에 나는 구모델을 구입했다.

(A) quiet
(B) quietly
(C) quieter
(D) more quietly

해설

빈칸 뒤에 than이 있기 때문에 빈칸에는 비교급이 와야 한다. 그런데 빈칸은 be동사의 보어 자리이기 때문에 형용사의 비교급인 (C)의 quieter가 정답이 된다.

어휘

quiet 조용한

10.

모든 법률 문서들은 처음부터 끝까지 철저하게 정독되어야 한다.

(A) crucially
(B) thoroughly
(C) respectfully
(D) attractively

해설

적절한 의미의 부사를 골라야 한다. 빈칸 뒤에 '처음부터 끝까지'라는 내용이 있는 것으로 보아 '철저하게'라는 뜻의 thoroughly가 의미상 가장 적절하다는 것을 알 수 있다.

어휘

legal 법률적인　document 문서　from beginning to end 처음부터 끝까지　crucially 결정적으로　thoroughly 철저하게　respectfully 공손하게　attractively 보기 좋게

11.

Robinson 씨의 아이디어는 대부분의 사람들에게 창의적이지도 않았고 흥미롭지도 않았다.

(A) both
(B) either
(C) neither
(D) not only

해설

상관접속사 문제이다. 빈칸 뒤의 nor가 있으므로, 이와 함께 짝을 이루는 neither가 정답임을 쉽게 알 수 있다.

어휘

creative 창의적인　neither A nor B A도 B도 아닌

12.

Lawrence 씨는 Ace Pacific 사의 신입 회계원들 중 하나이다.

(A) at
(B) on
(C) by
(D) along

해설

빈칸 뒤에 회사명이 있으므로 장소 앞에 사용되는 전치사인 (A)의 at이 정답이 된다.

어휘

accountant 회계사, 회계원   corporation 기업

13.

모든 방문자들은 실험실 내에서 보호 장비를 착용해야만 한다.

(A) protect
(B) protective
(C) protectively
(D) protected

해설

빈칸 뒤에 명사인 gear가 있으므로 형용사인 (B)의 protective가 정답이 된다. protective gear는 보호 장비라는 의미로서 하나의 단어처럼 외워 두어야 한다.

어휘

inside ~ 안에   laboratory 실험실   protective gear 보호 장비

14.

신제품 발표는 추후 공지가 있을 때까지 연기될 것이다.

(A) mentioned
(B) estimated
(C) concluded
(D) delayed

해설

빈칸 뒤에 'until further notice'가 있으므로 '연기하다'라는 의미인 (D)의 delayed가 빈칸에 오는 것이 의미상 가장 적절하다.

어휘

introduction 소개   further notice 추후 통보   mention 언급하다
estimate 추정하다   conclude 결론을 내리다   delay 연기하다

15.

Nelson 씨는 모든 의자들을 혼자서 조립했다.

(A) she
(B) her
(C) they
(D) their

해설

'혼자서'라는 의미인 'on one's own'을 알고 있어야 풀 수 있는 문제이다. 소유격이면서 앞에 나온 Ms. Nelson을 가리키는 (B)가 정답이 된다.

어휘

assemble 조립하다   on one's own 혼자서

16.

나의 상사는 10년이 넘는 기간 동안 그 분석가를 알아 왔다.

(A) know
(B) is knowing
(C) has known
(D) have been knowing

해설

기간을 나타내는 부사구인 'for more than ten years'가 있으므로 완료형인 (C)와 (D) 중에서 정답을 골라야 한다. 주어인 'my supervisor'가 3인칭 단수이므로 정답은 (C)이다.

어휘

supervisor 감독자, 관리자   analyst 분석가

17.

당신이 요청할 경우 우리는 기꺼이 더 상세한 정보를 제공할 것이다.

(A) detail
(B) details
(C) detailing
(D) detailed

해설

빈칸 뒤에 명사가 있으므로 '상세한'이라는 의미의 형용사인 (D)의 detailed를 정답으로 골라야 한다.

어휘

be willing to 기꺼이 ~하다   provide 제공하다   request 요청하다
detail 세부 사항; 상세히 알리다   detailing 세부 장식   detailed 상세한

18.

Sullivan 씨는 올해 말에 은퇴할 것을 고려 중이다.

(A) retire
(B) to retire
(C) retiring
(D) to retiring

[해설]

consider는 동명사를 목적어로 취하는 동사이다. 정답은 (C)이다.

[어휘]

consider 고려하다   retire 은퇴하다

19.

참석자들의 질문은 전문가들에 의해 처리될 것이다.

(A) inquiries
(B) brochures
(C) signatures
(D) decisions

[해설]

보기 중에서 전문가들에 의해 처리될 것으로 적절한 의미의 명사는 '문의', '질문'이라는 뜻의 inquiry이다. 정답은 (A)이다.

[어휘]

attendant 참석자   handle 처리하다, 다루다   specialist 전문가
inquiry 질의, 문의   signature 서명

20.

서류에 서명하기 전에, 그는 가능한 한 신중하게 그것을 검토했다.

(A) careful
(B) carefully
(C) care
(D) caring

[해설]

원급 비교 문제로서, 'as ~ as' 사이에 올 수 있는 것은 형용사나 부사의 원급이다. 이러한 문제는 as를 모두 삭제하고 정답을 고르면 되는데, 위 문제에서 as가 없다고 생각하면 빈칸에는 부사가 와야 하므로 정답은 (B)이다.

[어휘]

document 문서   review 검토하다

21.

좋지 않은 날씨에도 불구하고, 행사는 계획대로 개최될 것이다.

(A) As
(B) Because of
(C) For
(D) In spite of

[해설]

'좋지 않은 날씨'와 '행사의 개최'는 상반되는 내용이므로 정답은 (D)의 in spite of이다.

[어휘]

event 행사   in spite of ~에도 불구하고

22.

각각의 후보자가 반드시 갖추고 있어야 하는 요건들은 이 양식에 기재되어 있다.

(A) require
(B) requiring
(C) required
(D) requirements

[해설]

빈칸은 주어 자리인데, 관계대명사절인 'that each candidate must have'의 수식을 받아야 하므로 명사인 (D)가 정답이 된다.

[어휘]

candidate 후보자   form 양식   requirement 필요 조건, 요건

23.

그것은 내가 평생 본 것들 중 가장 화려한 색의 나비이다.

(A) more colorful
(B) the more colorful
(C) most colorful
(D) the most colorful

[해설]

관계대명사절에 'I have ever seen'이라는 표현이 있는 것으로 보아 빈칸에는 최상급 표현이 와야 한다. 정답은 (D)이다.

[어휘]

colorful 색채가 풍부한, 화려한

24.

설명회를 하는 동안 어린이들을 후원하기 위한 기부금이 모금될 것이다.

(A) during

(B) for
(C) while
(D) as

기간을 의미하는 전치사가 와야 하므로 (A)와 (B) 중에서 정답을 골라야 한다. 기간을 의미하는 명사 앞에는 during이 사용되므로 정답은 (A)이다. for는 기간을 의미하는 숫자 앞에 사용된다.

어휘

donation 기부, 기부금   support 지원하다   collect 모으다
information session 설명회

25.
그의 계좌에 있는 기록들은 그 남자가 두 개의 주소를 저장해 두었다는 점을 보여 준다.
(A) indicate
(B) indicates
(C) indicating
(D) is indicating

해설

주어와 동사의 수 일치를 묻는 문제로서, 일치시켜야 하는 명사를 찾는 데 주의해야 한다. 문장의 주어는 'the records on his account'인데 'on his account'는 'the records'를 수식하는 전치사구이므로 동사는 'the records'에 일치시켜야 한다. 따라서 정답은 (A)이다.

어휘

record 기록   account 계좌   address 주소   indicate 보여 주다, 나타내다

26.
새로운 최고경영자는 회사에 성공적으로 상당한 발전을 가져왔다.
(A) eligible
(B) considerable
(C) dedicated
(D) curious

해설

명사 improvement를 수식하기에 의미상 적절한 형용사를 골라야 하는데, '상당한', '많은'이라는 의미의 considerable이 빈칸에 오는 것이 가장 자연스럽다. 정답은 (B)이다.

어휘

improvement 향상   eligible 자격이 있는   considerable 상당한, 많은
dedicated 전념하는   curious 호기심이 많은

27.
그들의 환불 정책의 변화에 대한 설명은 매우 혼란스럽게 들린다.
(A) confuse
(B) to confuse
(C) confusing
(D) confused

해설

동사 sound는 형용사를 보어로 취하는 2형식 동사이므로, 분사인 (C)와 (D) 중에서 정답을 골라야 한다. sound의 주어인 policy가 '혼란스러워 하는' 것이 아니라 '혼란스럽게 하는' 것이므로 정답은 현재분사인 (C)이다.

어휘

explanation 설명   return policy 환불 정책   confuse 혼란스럽게
하다   confusing 혼란스럽게 하는   confused 혼란스러워 하는

28.
인턴 사원이 지원서가 완료되지 않은 남자에게 이메일을 보내고 있다.
(A) who
(B) whose
(C) whom
(D) that

해설

빈칸에 와야 하는 관계대명사는 선행사인 a man을 수식하면서 완전한 절 앞에 사용되어야 한다. 따라서 소유격 관계대명사인 (B)의 whose가 정답이 된다.

어휘

intern 인턴 사원   application 지원서   completed 완료된

29.
Wells 씨가 실수를 범하지 않는 한, 그녀는 확실히 입상할 것이다.
(A) Due to
(B) Even if
(C) Unless
(D) As long as

해설

적절한 의미의 접속사를 고르는 문제이므로 구전치사인 (A)는 정답에서 제외된다. '실수를 범하지 않는 한 수상한다'는 의미가 되어야 자연스러우므로 정답은 (D)이다.

[어휘]

make a mistake 실수를 범하다 definitely 확실히 win an award 상을 타다 due to ~ 때문에 even if ~에도 불구하고 unless ~하지 않는 한 as long as ~하는 한

30.

위원회는 가능한 한 빨리 이 사건이 검토되어야 한다고 조언했다.

(A) was
(B) were
(C) be
(D) will be

[해설]

동사 suggest가 명사절을 목적어로 취할 때, 명사절의 동사는 'should + 동사원형'의 형태가 되어야 하며, 이때 should는 생략될 수 있다. 따라서 정답은 (C)이다.

[어휘]

committee 위원회 case 사건 as soon as possible 가능한 한 빨리